PROJEKT AURORA

Johannes von Buttlar

PROJEKT AURORA

Geheime Technologien
des 3. Jahrtausends

Die Deutsche Bibliothek – CIP-Einheitsaufnahme

Buttlar, Johannes v.:
Projekt Aurora : geheime Technologien des 3. Jahrtausends /
Johannes von Buttlar. – Köln : vgs, 1999
ISBN 3-8025-1389-4

Umschlaggestaltung: Alex Ziegler, Köln
Redaktion: Martina Weihe-Reckewitz
Lektorat: Christina Deniz, Köln
Produktion: Wolfgang Arntz
Layout und Satz: Kalle Giese, Overath
Druck: Wiener Verlag, Himberg
Printed in Austria
ISBN 3-8025-1389-4

**Besuchen Sie unsere Homepage
im WWW: http://www.vgs.de**

Inhalt

Vorwort

WER VON UNS HAT nicht schon einmal – bewusst oder unbewusst – den Himmel nach einem unbekannten Flugobjekt abgesucht? Viele Menschen behaupten, ein UFO gesehen zu haben, aber die Frage, ob dabei Außerirdische in hochentwickelten Raumschiffen im Spiel sind oder ob nur unsere Fantasie seltsame Blüten treibt, konnte noch nicht zufriedenstellend beantwortet werden.

Angenommen, der Ursprung dieser rätselhaften Flugobjekte mit ihren »unmöglichen« Flugeigenschaften wäre nicht in den Weiten des Alls zu suchen, sondern auf der Erde. Und zwar versteckt in streng abgeschirmten unterirdischen Laboratorien im ausgedörrten Südwesten der Vereinigten Staaten von Amerika, unter strengster Geheimhaltung einer Regierung, die fieberhaft bestrebt ist, eine – möglicherweise importierte – neue Technologie in den Griff zu bekommen. Wir glauben nur zu gern an Wunder und sind oft genug davon überzeugt, dass sie der Himmel für uns bereithält. Doch häufig scheinen sie sich nicht »dort oben« abzuspielen, sondern da, wo eine US-Regierung die Umwandlung der Gesellschaft in überaus geheimen Forschungslaboratorien emsig vorantreibt. Dass die Veränderung bereits erstaunlich weit fortgeschritten ist, beweisen uns Computer-, Laser-, Krieg der Sterne-, SDI-, NANO-, und Tarnkappen-Technologie sowie neuartige Plasma-Turbinenaggregate, »Schneller-als-Licht«-Teleportations- und Antigravitationsexperimente.

Damit steht jetzt vor allem eine Frage zur Debatte: Ist die so genannte breite Masse dazu bestimmt, einer kleinen selbsternannten Elite aus Politik, Wissenschaft und Militär (die kein Mittel der Geheimhaltung zur Durchsetzung der eigenen Ziele scheut) als industrielle Drohnen den »Weg zu den Sternen« zu ebnen? Oder haben – in letzter Konsequenz – alle die gleichen Chancen, von diesen Entwicklungen und Errungenschaften zu profitieren?

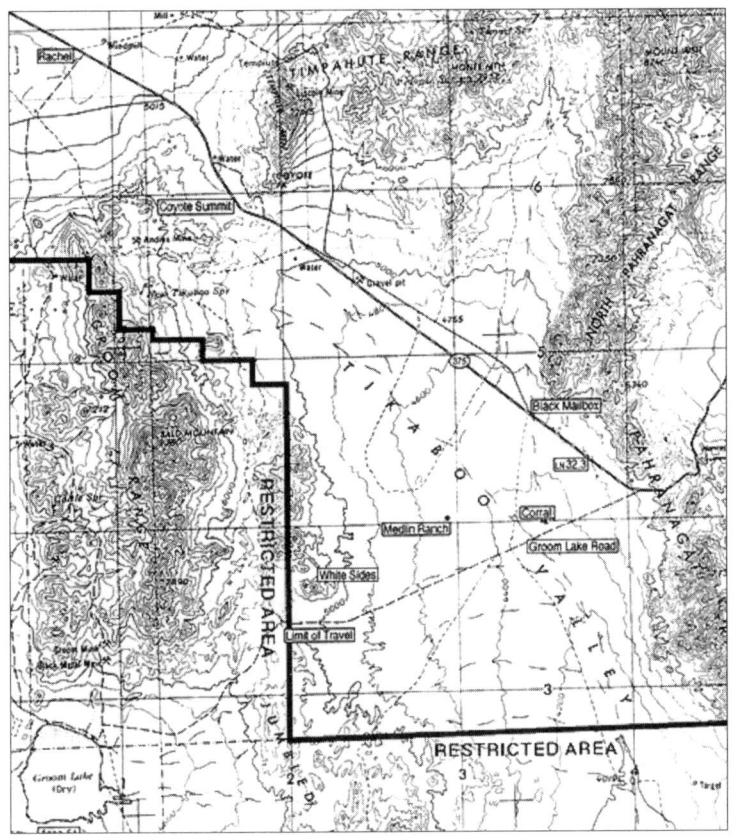

Die Area 51.

Mission »Schwarze Welt«

IN STRENG ABGESCHIRMTEN, supergeheimen Labors und auf Testgeländen der US-Bundesstaaten New Mexico, Utah, Alabama, Nevada und anderen werden fortschrittlichste Technologien des dritten Jahrtausends entwickelt und getestet. Das Spektrum umfasst exotisch anmutende Flugmaschinen und ein Instrumentarium von molekularer Größe, zudem Psi-Waffen, »mindcontrol-technic« beziehungsweise Bewusstseinskontrollimplantate.

So befindet sich nordwestlich von Las Vegas ein geheimnisumwittertes Gelände, Insidern als »Dreamland« bekannt. Genau genommen ist hier im ausgetrockneten Groom-Lake-Gebiet die U.S.-Air-Force-Basis Nellis Range stationiert und das weitläufige Atomtestgelände der Atomic Energy Commission zu finden. Hier werden nicht nur Atombomben und futuristische Fluggeräte erprobt, sondern angeblich auch Untersuchungen von UFOs vorgenommen. Das jedenfalls wird hinter vorgehaltener Hand gemunkelt.

AREA 51 WARNING

RESTRICTED AREA

NO TRESPASSING
BEYOND THIS POINT

Authorized personnel only. It is unlawful to enter this area
without prior permission of the installation commander.
You are advised that all personnel and any property under
their control may be subject to search and seizure whilst on
this installation.

PHOTOGRAPHY IS PROHIBITED

It is unlawful to effect any photograph, film, map, drawing or
any other graphic representation of this area or equipment
within or flying above or over this installation.

Sec. 21 Internal Security Act of 1950 18 U.S.C. 795

TOP SECRET RESEARCH FACILITY

USE OF DEADLY FORCE IS AUTHORIZED

Das Wachpersonal auf der Area 51 darf bei unbefugtem Betreten
des Areals von der Schusswaffe Gebrauch machen.

Die »Area 51« – so der offizielle Name für die Groom-
Lake-Basis – befindet sich im Herzen des Nellis-Testge-
ländes, des mit 16.000 Quadratkilometern größten militärischen Testgeländes der Welt. Im Süden durch die
Nellis Air Force Base begrenzt, die etwa 190 Kilometer
nordwestlich von Las Vegas liegt, reicht es weit in die
fast unbewohnte Wüste von Nevada, ein Hochplateau
zwischen mehreren Bergzügen. Die graue Mondland-
schaft liegt in über 1.500 Metern Höhe und ist durchzo-
gen von Bergketten, die es teilweise auf über 2.700
Meter Höhe bringen. Hier fanden die unterirdischen
Atomtests der Vereinigten Staaten und die »Red Flag«-
Übungen der US-Luftwaffe statt, bei denen der dritte

Weltkrieg simuliert wurde, hier liegt die Tonopah Test Range, von dem aus der Stealth-Fighter startete und auf dem noch heute jede Menge geheimster Waffenentwicklungsprojekte beheimatet sind. Einige von ihnen sind so topsecret, dass der amerikanische Kongress für sie nur ein Pauschalbudget, ein so genanntes »black budget«, bewilligen kann, was ihnen den Namen »black projects« einbrachte und die Geheimlabors in Nevada zur »Schwarzen Welt« machte. Und in der Tat ist dieses Gebiet eine andere Welt; ein Mikrokosmos, in dem alles durch die Faktoren Sicherheit und Geheimhaltung bestimmt wird, wo eigene Gesetze herrschen, die außerhalb der Legislative des Bundesstaates Nevada stehen.

Der schwärzeste Teil dieser schwarzen Welt jedoch ist die bereits erwähnte »Area 51«, ein Gelände von 35 Kilometern Breite und 40 Kilometern Länge, mit den beiden Trockenseen Groome Lake im Zentrum und Papoose Lake im Süden, wo die »Area S-4« beginnt. Das Gelände tauchte erstmals auf einer Karte der Kennedy-Administration auf, als autonomes Gebiet, quasi ein 51. Bundesstaat der USA (daher der Name), mit eigener Verwaltung. Die Area 51 hat viele Namen. Ihr Code in der Fliegersprache lautet »Dreamland« oder auch »Die Box«, Insider benutzen Bezeichnungen wie »Watertown« oder einfach »Die Ranch«.

Bis Mai 1955 lag die Area 51 inmitten eines Testgeländes der Marine. Dann schickte Clarence »Kelly« Johnson, Chefkonstrukteur des Flugzeugbaukonzerns

Lockheed, seinen besten Testpiloten, Tony LeVier, mit einer ganz besonderen Mission in die Wüsten Kaliforniens und Nevadas: Es galt, ein Areal zu finden, das sich als topgeheimes Testgelände für den legendären U-2-Höhenaufklärer eignen würde. Nach nur zwei Tagen hatte Johnson die perfekte Stelle gefunden: ein fünf Kilometer langes Trockenseebett inmitten des Nirgendwo, von der Außenwelt durch hohe Bergketten abgeschottet, in einem Gebiet, das wegen der regelmäßigen Atombombenversuche auf dem Nevada-Testgebiet ohnehin Sperrgebiet für den normalen Luftverkehr war.

Innerhalb von zwei Monaten wurden von einer Tarnfirma für nur 800.000 Dollar zwei Hangars, eine kilometerlange Landebahn, Brunnen und eine Cafeteria aus dem Boden gestampft; die Anlage erhielt den Tarnnamen »Die Ranch«. Am 23. Juli 1955 wurde die U-2 in Einzelteile zerlegt und an Bord einer C-124-Transportmaschine von Burbank auf das Gelände am Ufer des Groom Lake verfrachtet. Die Tests konnten beginnen.

Die berühmte U-2

Gleichzeitig begann eine ausgedehnte Bauaktivität. Die ideale Lage der »Ranch« machte das Gelände schon bald zum Lieblingsplatz der Militärs für alle nur denkbaren geheimen Experimente – bis 1980 entstanden so über 180 Gebäude und Einrichtungen, dazu ausgedehnte unterirdische Installationen.

Von 1959 bis 1961 wurden hier die SR-71-Jets und 1963 der Aufklärer A-12 getestet. 1974 bewilligte die DARPA, die »Verteidigungsbehörde für fortgeschrittene Forschungsprojekte« (Defense Advanced Research Projects Agency) ein neues schwarzes Projekt, das bezeichnenderweise den Codenamen »Have Blue« trug. Ein »Blauer Code« stand bei der Luftwaffe immer mit unbekannten Flugobjekten in Zusammenhang, vom UFO-Untersuchungsprojekt »Blue Book« bis zur »Operation Blue Fly«, den »Blue Teams« oder »Blue Berets«. Das fast 50 Milliarden Dollar teure Projekt führte zur Entwicklung des Northrop-Bombers B-2 und des Lockheed-Tarnkappenflugzeugs F-117A, die beide als »Stealth«-Flugzeuge einen Durchbruch in der militärischen Luftfahrttechnologie darstellten.

1984 erschien das Buch »Red Flag: Lufteinsätze für die 80er« von Michael Skinner, eine umfangreiche und reich illustrierte Dokumentation über die »Red Flag«-Manöver, die seit 1975 mehrmals jährlich über dem Nellis-Testgelände durchgeführt werden. Auf Seite 62 ist eine Karte das Nevada-Testgeländes zu sehen. Das namentlich bezeichnete »Dreamland« ist als »militärisches Operationsgebiet« ausgewiesen. Zwei Seiten später heißt es dann: »Bombenabwürfe sind nur auf den numerierten Gebieten erlaubt – der Abwurf von scharfer Munition auf die brisanten Bewohner unterhalb der militärischen Operationsgbiete oder auf die Dreamland-Gnome findet nicht statt. Auch die Bergketten mit der Bezeichnung ›EC Ost‹ und ›EC West‹ sowie die umgebauten Marinestützpunkte ›Tolicha Peak EW‹ und ›Pahute Mesa‹ beherbergen Fachleute, deren Bombardierung nicht erlaubt ist.« Ganz eindeutig wird hier also auf die Bewohnerschaft ausgedehnter unterirdischer Anlagen Bezug genommen. Wer aber sind die »Gnome von Dreamland«?

Nach Aussage der Familie Groom aus Lincoln County, Nevada, zu deren Ranch die Berge und der Trockensee gehörten, bevor die Regierung das Land von ihr erworben hat, sprach man schon in den fünfziger Jahren von »fliegenden Untertassen« in der Area 51. Der von dem britischen UFO-Forscher Timothy Good zitierte Journalist Robert Dorr will von einem Offizier des Luftwaffen-Nachrichtendienstes erfahren haben, dass angeblich seit 1953 eine außerirdische Flugscheibe auf der Nellis Range aufbewahrt werden soll. Von 1953 bis 1955 soll erfolglos versucht worden sein, diese mit Hilfe konventioneller Flugzeugmotoren zu fliegen. Im Februar 1988 erwähnte Jim Schults, Chefredakteur des US-Militärmagazins *Gung-Ho*, in seinem Beitrag »Jenseits von Stealth«, ein »Alien Technology Center« auf der Nellis-Luftwaffenbasis. »Gerüchten zufolge soll dieses Center fremde (nichtirdische) Technologien beherbergt haben und manchmal auch Personal, das dazu beitrug, neue Flugzeuge und Krieg-der-Sterne-Waffentechnik zu entwickeln. Das mag verrückt klingen, aber das Gerücht hat seine Grundlage. Das ›Alien Technology Center‹ existiert«, meint Jim Schults.

War es US-Ingenieuren gelungen, die Geheimnisse der unbekannten Flugobjekte zu entschlüsseln und in ihre Verteidigungstechnologie zu integrieren?

Zu denen, die den Schleier der Geheimhaltung schon früh lüfteten, gehört der Luftfahrtexperte und Autor Jim Goodall. Er war der Erste, der Fakten über das Stealth-Programm veröffentlichte. Goodall schrieb drei Bücher über Stealth und zahlreiche Artikel für Fachzeitschriften wie *Defense Weekly*, *Interavia* und *Aviation Week & Space Technology*. Aufgrund seiner Recherchen wurde er immer wieder Opfer von Einschüchterungsversuchen durch die US-Regierung. Seine Nachbarn wurden von Agenten verhört, seine Telefone abgehört, und als er als Reservist der Air National Guard für die »Desert Shield«-Operation im Vorfeld des Golfkrieges einberufen wurde, erfuhr er, dass seine Befugnisstufe herabgesetzt worden war – er hatte seiner Regierung wohl zu viele Fragen gestellt.

Das so genannte Alien-Technologie-Center.

»Acht schwarze Programme finden dort statt«, erklärte Jim Goodall, »und diese beinhalten nicht den B-2-Bomber oder den F-117-Jäger (die Stealth-Flugzeuge), denn die zählen heute zu einem offiziellen ›weißen‹ Programm. Mindestens zwei Hochgeschwindigkeitsflugzeuge sind darunter. 1982 hörte die Öffentlichkeit das erste Mal davon. Das eine ist ein kleines Flugzeug, das vier- bis sechsfache Schallgeschwindigkeit erreichen soll. Ein anderes, sehr großes Flugzeug soll in der kalifornischen Bay-Area (bei San Francisco) vom Zentrum der Bundesluftfahrtbehörde aus mindestens acht mal seit 1986 mit einer Geschwindigkeit von über 16.000 Stundenkilometern im Anflug auf die ›Area 51‹ geortet worden sein. Neben diesen beiden Hochgeschwindigkeitsflugzeugen gibt es Stealth-artige Flugzeuge für die elektronische Kriegsführung – so die ›Excalibur‹, die in sehr großer Höhe sehr langsam und sehr leise fliegt. Dann gibt es Gerüchte über das der eingestellten A 12 von McDonnel-Douglas ähnelnde ›fliegende Dreieck‹.«

»Ich habe über die Jahre immer wieder Menschen befragt«, so Jim Goodall weiter, »die auf dem Testgelände gearbeitet haben. Ein Mann verbrachte zwölf Jahre seiner 30-jährigen Dienstzeit in schwarzen Programmen am Groom Lake. Als ich ihn interviewte, war die erste Frage, die ich ihm stellte: ›Glauben Sie an UFOs?‹ Er schaute mir in die Augen und antwortete: ›Ja, absolut, positiv, sie existieren.‹ ›Können Sie Ihren Standpunkt näher erläutern?‹ ›Nein, bedaure.‹

Etwa ein Jahr später sprachen wir wieder über die

Aktivitäten in Groom Lake, und ich fragte den Mann, ob er mir nun sagen könnte, was dort geschieht. Er antwortete: ›Da geschieht vieles, von dem ich erst im Jahr 2025 werde erzählen können. Wir haben Dinge in der Wüste von Nevada, da würde George Lucas[1] vor Neid erblassen.‹

Ein anderer Informant, ehemaliger Hauptfeldwebel der Luftwaffe, ist Spezialist für neue Technologien. Er war in drei verschiedenen Verantwortlichkeitsbereichen im Zusammenhang mit drei schwarzen Projekten in Groom Lake tätig. Ich interviewte ihn 1985/86 auf der Nellis-Luftwaffenbasis und fragte ihn: ›Was geht da draußen vor?‹ Er schaute mir direkt in die Augen und antwortete: ›Wir haben da draußen Dinge, die buchstäblich nicht von dieser Erde sind.‹ Als ich ihn bat, mir das zu erklären, erwiderte er, dass er das nicht dürfe, bemerkte aber, es gehe um Dinge, die besser seien als ›Star Trek‹. ›Flugzeuge?‹, wollte ich wissen. ›Kein Kommentar‹, war die Antwort.«

Doch die eindeutigste Bestätigung dieser Gerüchte erhielt Goodall von seinem Freund John Andrews von der Testor Corporation. Goodall berichtet: »John korrespondierte mit Ben Rich, dem gerade pensionierten Präsidenten der Lockheed Advance Development Company. Jener Firma also, die den Stealth-Bomber, die dreifach schallschnelle SR-71 und das aus den fünfziger Jahren stammende Spionageflugzeug U-2 baute und

---

1 Produzent des Sciencefiction-Filmepos »Krieg der Sterne«.

die einst die Groom-Lake-Anlage mit aus dem Boden stampfte.

In einem Brief fragte John Andrews ihn: ›Glauben Sie an UFOs?‹ Und Ben Rich antwortete: ›Ja, Kelly[2] und ich glauben fest an UFOs.‹ John war darüber sehr erstaunt und bat in einem weiteren Brief um eine Erklärung: ›Bitte stellen Sie klar, welche Art von UFOs Sie meinen – von Menschen gebaute oder außerirdische?‹ Ben Rich antwortete handschriftlich auf seinem Briefpapier: ›UFOs existieren – die von Menschen gebauten ebenso wie die außerirdischen. Und wir nennen sie auch *UnFunded Opportunities*‹, wobei er das U, das F und das O dick unterstrich.«

Doch nach wie vor umgibt der Geheimhaltungsschleier die Schwarze Welt.

1995 gelang es der Luftwaffe, das Testgebiet nach Osten hin zu erweitern, so dass jene Berge, von denen aus bis dahin ein recht guter Blick auf die Groom-Lake-Anlage möglich war, heute ebenfalls auf militärischem Sperrgebiet liegen. Einzig das Streulicht der Anlage in der Schwärze der klaren Wüstennächte – etwas mehr bei Groom Lake, etwas weniger auf der Höhe des Papoose Lake – zeugen noch von der Existenz des »Traumlandes«.

Tatsächlich fand die erste Basiserweiterung schon 1984 statt, als die Existenz des Groom-Lake-Sperrgebiets offiziell noch abgestritten wurde.

---

2 Gemeint ist Kelly Johnson, Gründer der Skunkworks-Laboratorien.

Im Herbst 1993 beantragte der Luftwaffenminister Dr. Sheila Widnall eine Ausdehnung des Basisgeländes bis diesseits der Groom-Berge, »um den sicheren und geschützten Ablauf der Operationen am Nellis Range

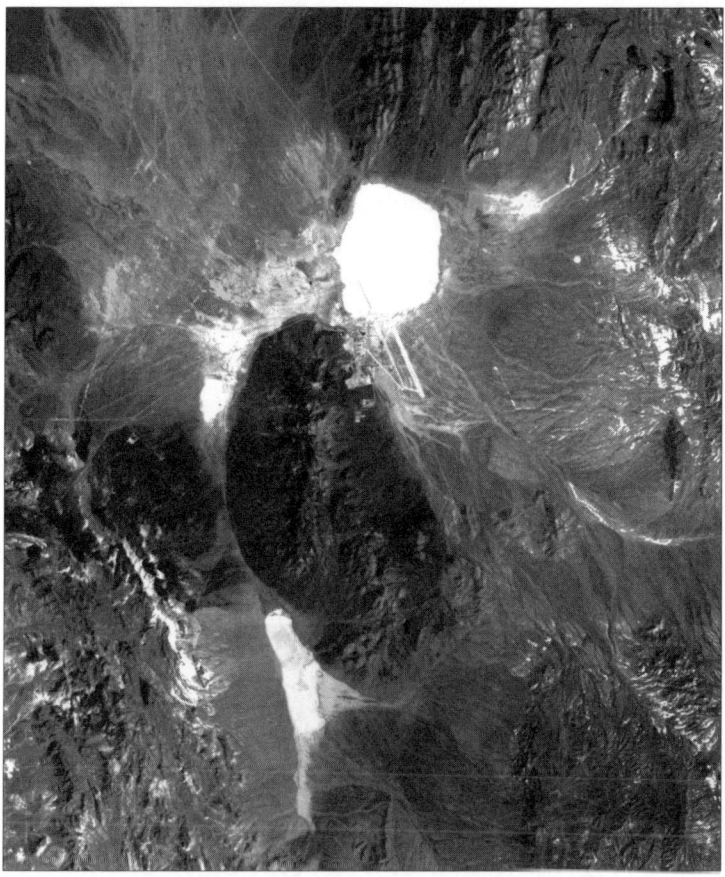

Eine Landsat-Satellitenaufnahme des riesigen »Dreamland«-Areals aus dem Jahr 1993. Der weiße Fleck in der oberen Bildhälfte ist der Groom Lake, im Zentrum erkennt man die Papoose-Berge und im Süden den Papoose Lake.

zu gewährleisten« – die Groom-Lake-Basis durfte es offiziell aber immer noch nicht geben. Ein Sturm der Empörung und Bürgerproteste waren die Folge. Erfolglos. Seit dem 10. April 1995 sind die »White Sides« und »Freedom Ridge« getauften Berge, von denen sich die beste Sicht auf die Area 51 bot, nun Teil der Basis. Dabei beschränkte man sich jedoch darauf, nur das Nötigste einzuverleiben, denn die Landnahme darf 2.000 Hektar nicht überschreiten, sonst ist eine Zustimmung durch den Kongress erforderlich.

»Die U.S. Airforce braucht dieses Land, um die technologischen Neuentwicklungen der US-Militärindustrie zu schützen und die Effektivität militärischer Übungen und Operationen zu verstärken«, begründete Luftwaffensprecher Lt. Col. Cannon den legalen Landraub. Der Zustrom von Schaulustigen »in den letzten Jahren hat mehrfach zur Verlegung, Verschiebung und Aufhebung von Versuchsflügen geführt«. Die Konfiszierung würde eine weitere »Kompromittierung der nationalen Sicherheit verhindern«.

Gleichzeitig gab die Luftwaffe eine Pressemitteilung heraus, die derzeit als Standardantwort auf alle Anfragen zum Thema Area 51 benutzt wird. Immerhin wurde die Existenz der Basis damit erstmals, vierzig Jahre nach ihrer Errichtung, offiziell bestätigt: »Eine Reihe von Aktivitäten, von denen einige geheim sind, finden auf dem oft so genannten Nellis-Range-Komplex der Luftwaffe statt«, heißt es darin, »das Gebiet wird zu Tests von Technologien und Systemen für

Übungen und Operationen genutzt, die wichtig für die Effektivität der Streitkräfte der Vereinigten Staaten sind. Dazu existiert ein Operationsgebiet nahe dem Groom-Trockensee. Einige besondere Unternehmungen und Operationen, die im Nellis-Gebiet durchgeführt werden oder in der Vergangenheit durchgeführt wurden, stehen weiterhin unter Geheimhaltung und können nicht diskutiert werden.«

Am großen Schweigen änderte auch ein Gesetz zur nationalen Sicherheit nichts, das Präsident Clinton am 17. April 1995 als »Executive Order 12958« unterzeichnete. Laut diesem »Regierungsbefehl in Bezug auf Geheiminformationen zu Fragen der nationalen Sicherheit« sollten mit dem 16. Oktober 1995 alle Geheimdokumente, die älter als fünfundzwanzig Jahre sind, automatisch freigegeben werden. Es gab nur drei Ausnahmen: wenn sie die persönliche Sicherheit des Präsidenten und andere Persönlichkeiten des öffentlichen Lebens gefährden oder wenn sie gegenwärtige Notstands- und Katastrophenschutzpläne behindern. Im Besitz der CIA befindliche ausländische Regierungsdokumente waren die dritte Ausnahme, falls »ihre Freigabe gegenwärtige diplomatische Beziehungen ernsthaft gefährden sollten«. Das war zumindest einmal ein guter Anfang.

Doch schon am 29. September 1995 unterzeichnete Präsident Clinton eine weitere Ausnahmeregelung, der zufolge die Luftwaffe alle Daten zur Area 51 nach wie vor geheimhalten darf. Den Anlass boten Ex-Mitarbeiter der Basis, die behaupteten, während ihrer Dienstzeit in der »Schwarzen Welt« toxisch kontaminiert worden zu sein. US-Distriktrichter Philip Pro hatte am 30. August 1995 das Urteil gefällt, dass die Luftwaffe gewisse Dokumente in diesem Fall nicht länger ohne eine Ausnahmeregelung des Präsidenten zurückhalten dürfe. Der Anwalt der Basismitarbeiter, der Rechtsprofessor Jonathan Turley von der Georg-Washington-Universität, hatte Pros Entscheidung als Sieg gefeiert. Doch mit Unterzeichnung der Ausnahmeregelung hatte Clinton ihm einen Strich durch die Rechnung gemacht. Denn darin heißt es: »Es ist von allergrößtem Interesse für die Vereinigten Staaten, dass die Luftwaffe davon abgehalten wird, geheime Informationen über die Basis bekannt zu geben«.

Dennoch ist die supergeheime Basis seit April 1996 Touristenattraktion, nicht zuletzt, weil sie nun am ersten »Extraterrestrial Highway« liegt, wie die 220 Kilometer nördlich von Las Vegas gelegene Bundesstraße 375 am 19. April 1996 getauft wurde. Der Highway passiert die Area 51, von der die Basis-Zufahrtstraße abzweigt. In Anwesenheit des Gouverneurs von Nevada und rund 500 Zuschauern wurden breite Straßenschilder aufgestellt.

Die Bewachung des Sperrgebiets wird von einer gefürchteten privaten Wachgesellschaft durchgeführt – den Cammo Dudes –, die in weißen, mit Regierungsemblemen versehenen Jeeps Dreamland rund um die Uhr absichern. Bei Übertretung des Zutrittsverbots machen die Wachposten ohne zu zögern von ihren Schusswaffen

Gebrauch. Videokameras, Richtmikrofone und Schweiß-detektoren wurden als zusätzlicher Schutz installiert. Auch der Luftraum steht unter ständiger Überwachung.

Auf dem Weg zum Sperrgebiet kommt ein normaler Sterblicher nicht über »the black mail box« (den schwarzen Briefkasten) eines Ranchers, unweit der Highway-Markierung LN 29.5., hinaus. Und auch mir ist es, obwohl ich Kontakt zu dort arbeitenden Wissen-schaftlern habe, trotz aller Bemühungen nicht gelun-gen, auf das Gelände zu gelangen. Aufgrund von Berich-ten und anhand von Fotomaterial weiß man jedoch, dass hinter hohen elektrischen Zäunen die weite, von ockerfarbenen Bergen umgebene Groom-Lake-Basis liegt. Auf einer russischen Satellitenaufnahme aus dem Jahr 1988 sind mindestens 100 Gebäude zu erkennen. Hangars, gewaltige Treibstofftanks, Radaranlagen, An-tennen, Roll-, Start- und Landebahnen, eine davon knapp zehn Kilometer lang! Das auffälligste Bauwerk über der Erde ist der gewaltige Hangar 18. Es ist je-doch davon auszugehen, dass der größte Teil des streng geheimen Komplexes unterirdisch angelegt ist, wo sich viele Stockwerke unter der Erdoberfläche Wis-senschaftler und Spezialisten in Laboratorien mit der Erforschung und Entwicklung von Technologien des dritten Jahrtausends beschäftigen.

Seit Jahren läuft in der »Area 51 S-4« ein streng gehei-mes U.S.-Air-Force-Programm unter dem Codenamen

»Aurora«. Es hat die Entwicklung und Erprobung neu-artiger Technologien zum Inhalt. Dazu sollen vor allem Flugmaschinen gehören, die durch »futuristische« Plasma-Puls-Turbinen angetrieben werden und angeblich mit acht- bis neunfacher Schallgeschwindigkeit – bis zu Mach[3] 9 – fliegen und in den Weltraum vorstoßen können.

Erstmals tauchte der Name »Aurora« 1985 in einer »P1«-Waffenbeschaffungsdokumentation des Pentagon auf. In diesem Zusammenhang wurde ein streng geheimes Multimilliarden-Dollar-Programm (aus dem »black budget« – schwarzen Etat) für die U.S. Air Force erwähnt. Journalisten der *Washington Post* vermuteten sofort, dass hier etwas vertuscht werden sollte, und stellten daraufhin eigene Recherchen im Pentagon an. Sie wurden mit dem barschen Bescheid abgewiesen, dass es »hier um eine Angelegenheit gehe, die nicht für die Öffentlichkeit bestimmt sei. ›Aurora‹ stehe mit ATB (Advanced Technology Bomber – Bomber fortgeschrittener Technologie) im Zusammenhang und betreffe die Stealth- bzw. Tarnkappen-Technologie«.

»Flach wie ein Teufelsrochen, nur von einem kaum hörbaren Summen begleitet, schwebt es heran: ein

---

3 Mach (Formelzeichen *Ma*) bezeichnet in der Luftfahrt das Verhältnis der Geschwindigkeit v eines Körpers zur Schallgeschwindigkeit c_s im umgebenden Medium: $Ma = v/c_s$. Da die Schallgeschwindigkeit bei einer Temperatur von 15 ^{0}C etwa 340 m/s beträgt, bedeutet $Ma = 0,5$ eine Geschwindigkeit von 340m/s oder etwa 1.200 km/h.

silbrig glänzendes, abgerundetes Dreieck; auf der Oberseite mit einer Kuppel versehen, unten mit einem ausfahrbaren Fahrgestell. Sciencefiction oder der jüngste UFO-Bericht? Keines von beiden.« So berichtet die amerikanische Fachzeitschrift *Aviation Week & Space Technology* in ihrer Ausgabe vom 1. Oktober 1990 auszugsweise von einem »völlig neuartigen« Militärflugzeug, das auf dem streng geheimen Luftwaffenversuchsgelände Groom Lake »äußerst erfolgreichen Testflügen unterzogen wurde.«

Der so lange als Legende betrachtete fledermausähnliche Stealth-Bomber »F-117« wurde erstmals von der U.S. Air Force in Groom Lake getestet. Dieser so genannte Tarnkappenbomber brachte inzwischen seine ersten Kampfeinsätze in Golfkrieg hinter sich und war

Eine 3D-»Aurora«-Studie des Künstlers Adrian Mann.
Sämtliche von Mann am Computer gerenderten Objekte basieren auf Augenzeugenberichten und den mehr oder weniger bekannten Informationen über schwarze Projekte der amerikanischen Regierung.

darüber hinaus auch für die NATO-Allied-Force in Ex-Jugoslawien in Aktion.

In meinem Buch »Adams Planet« habe ich bereits 1990 einen *Spiegel*-Bericht (47/1990) aufgegriffen, in dem es heißt: »Seit Monaten häufen sich die Berichte über utopisch anmutende Fluggeräte, die von den streng abgeschirmten Testbasen in Nevada und Kalifornien aufsteigen. Im Mondlicht nahmen Beobachter leuchtende Überschalljets wahr, andere sahen Dreiecke oder bauchige ›Surfbretter‹ am Wüstenhimmel umherhuschen.«

Fachjournalisten von *Aviation Week* vermuten, dass »da draußen in Nevada eine Menge Aufregendes in Arbeit ist«. Beispielsweise der »Aurora-Luftatmer«, ein Robotflugzeug ohne Besatzung, dessen Spitzengeschwindigkeit, nach Mundpropaganda, bei 10.000 Stundenkilometern liegen soll. Nicht genug damit, wird auch noch von »exotischen Antrieben und aerodynamischen Formen« gemunkelt, für die es noch keine richtige Erklärung gibt. Wenn der *Spiegel* mit seinen Vermutungen Recht hat, befindet sich in den Wüstenbasen vielleicht sogar »ein ganzes Arsenal schwarzer Prototypen«.

Die unter dem Codenamen »Aurora« laufenden, mit höchster Geheimhaltungsstufe belegten so genannten »black world aircrafts« (Schwarze-Welt-Flugzeuge) werden vorzugsweise in der Nacht oder im Morgengrauen getestet – daher wohl auch der Name »black world aircrafts«. Linienflugpiloten in 16.000 Metern

Auf diesem Amateurfoto soll eine »Aurora« zu erkennen sein, die von
weiteren Militärflugzeugen begleitet wird.

Flughöhe beobachteten die mit neuartigen Pulstrieb-
werken ausgestatteten Maschinen als leuchtende Punk-
te. Dieser Flugzeugtyp erhielt die Bezeichnung »Pul-
ser« wegen seines revolutionären Triebwerks. Augenzeugen berichten von einer geradezu phänomenalen
Steigrate dieser Maschine. Natürlich sind auch die Flug-
zeugbauer Northrop, McDonnel-Douglas und General
Electric mit der Entwicklung neuer Flugzeugtypen
beschäftigt, nicht zuletzt mit einem Flugobjekt, das in
der Form einer »fliegenden Untertasse« nahekommt –
ein runder, mit einer Kuppel versehener Flugkörper.

Kein Wunder, dass Medienvertreter aller Couleur mit
und ohne Kameras seit Jahren auf der Lauer liegen, in
der Hoffnung, sensationelles Material über schwarze
Prototypen zu erhaschen.

So wartete beispielsweise der japanische TV-Journalist Norio Hayakawa von Nippon TV eine ganze Nacht, um mit seiner Betacam SP ein sonderbares, von Dreamland aufsteigendes Flugobjekt einzufangen – einen leuchtenden Punkt, der über der Gebirgskette schwebte, um dann in eratischen Bewegungen am Himmel entlang zu flitzen. Nach Auswertung von Computeranalysen zog Nippon TV die Schlussfolgerung, dass hier kein konventionelles Flugzeug im Spiel sein konnte. Aus einer Reihe anderer Filmaufnahmen ging hervor, dass diese leuchtenden Objekte mit normalerweise »unmöglichen« Flugmanövern in unbeschreiblicher Geschwindigkeit über Groom Lake operieren. Informanten zufolge sollen diese sonderbaren Himmelserscheinungen über der Area 51 mit dem streng geheim gehaltenen U.S.-Air-Force-Programm »Aurora« im Zusammenhang stehen. Inzwischen steht fest, dass sich hinter dem romantisch-mystischen Begriff »Aurora« ein Juwel auf dem Kopf einer Kröte verbirgt, wie Phil Patton in seinem Buch »Dreamland: Travels Inside the Secret World of Roswell and Area 51« spöttelt. Darüber hinaus bemerkt er zu Recht, dass die »Aurora«-Zwischenfälle in den Vereinigten Staaten den mysteriösen Luftschiffsichtungen der neunziger Jahre des 19. Jahrhunderts in keinster Weise nachstehen. Die Spekulationen gehen sogar so weit, den Ursprung des Code-Namens »Aurora« auf die Ereignisse im 19. Jahrhundert zurückzuführen.

Luftschiffer zwischen den Zeiten

IN DER LETZTEN DEKADE des auslaufenden 19. Jahrhunderts wurde immer wieder von Luftfahrzeugen gemunkelt, die über dem Westen und Mittleren Westen der Vereinigten Staaten aufgetaucht waren. So kam es zu Beobachtungen mysteriöser Luftschiffe über Appelton, Wisconsin, Harrisburg und Arkansas, vor allem aber über Texas. Dabei sollen sich die sonderbarsten Zwischenfälle abgespielt haben. In Kalifornien und Texas

wurden Tausende durch plötzlich auftauchende, seltsam leuchtende Flugobjekte beunruhigt, die wie riesige Zigarren aussahen. Dies geschah wohl gemerkt sieben Jahre vor dem ersten Flug der Brüder Wright in Kitty Hawk und knapp fünf Jahre, bevor Graf Zeppelin Anfang Juli 1900 mit dem ersten Luftschiff aufstieg!

Aber nicht nur auf dem Festland wurden Flugobjekte gesichtet, sondern auch von Schiffbesatzungen auf den Weltmeeren; so tauchten an chinesischen und japanischen Küsten hin und wieder seltsame Scheiben und Räder aus dem Wasser auf.

Im März und April 1897 nahmen die Sichtungsberichte in den USA unverhältnismäßig zu, konzentrierten sich aber nach wie vor auf die Bundesstaaten Michigan und Texas.

Als *The Dallas Morning Times* im April 1897 einen Bericht aus der texanischen Kleinstadt Aurora veröffentlichte, erreichte die Aufregung ihren Höhepunkt. Dort stand schwarz auf weiß: »Die Trümmer einer abgestürzten Maschine und das Logbuch des Piloten wurden bei einer Windmühle gefunden. Auch ein Besatzungsmitglied wurde tot geborgen und in Aurora bestattet.« Durch diesen Zwischenfall kamen die Spekulationen nicht zur Ruhe, dass die fremden Flugkörper vom Mars gekommen seien.

Derartige Berichte waren denen aus der »Fliegenden Untertassen-Ära« im Zweiten Weltkrieg sehr ähnlich, der Unterschied lag lediglich in den beobachteten Fluggeschwindigkeiten, die im 19. Jahrhundert bei zehn beziehungsweise hunderten von Kilometern pro Stunde lagen.

Hier kommt nun die Überlegung auf, ob sich nicht vielleicht unbekannte Erfinder insgeheim betätigt haben könnten. Würde das zutreffen, stellt sich die Frage, wo Erfinder und Erfindung sich »versteckten«? Sollte sich die Vermutung bewahrheiten, käme eigentlich nur ein Vorgänger des Grafen Zeppelin in Frage, denn das »LZ-1«, das erste Starrluftschiff von 128 Metern Länge, unternahm erst einige Jahre später seinen Jungfernflug[4]. LZ-1 war mit zwei Daimlermotoren von je 15 PS bestückt, deren Spitzengeschwindigkeit 32,4 km/h betrug. Aller Wahrscheinlichkeit nach veröffentlichten Zeitungen in vorangegangenen Jahren Konstruktionsideen von Luftschiffen. Doch verglichen mit den beschriebenen Flugcharakteristiken der unbekannten Flugobjekte, war der erste Zeppelin primitiv.

Um 1895 herrschte allgemein eine wirtschaftliche Flaute, und die kleine Stadt Aurora war vom industriellen Aufschwung ebenso stiefmütterlich behandelt worden wie von der Eisenbahn. Eine Luftschiffsichtung bedeutete, am technischen Fortschritt teilzuhaben, weshalb die Meldung in Aurora begierig aufgenommen wurde[5]:

---

[4] Das erste Starrluftschiff, »LZ-1«, stieg am 2. Juli 1900 über dem Bodensee auf. »LZ« bezeichnet »Luftschiff des Heeres«. Bis zum Tod des Grafen am 8. März 1917 wurden unter seiner Aufsicht 130 Zeppeline gebaut. Allein 96 wurden im Ersten Weltkrieg eingesetzt.

[5] Ein Bericht, der meiner Meinung nach eher nach einer haarsträubenden Zeitungsente klingt (Anm. d. Autors).

»Am 19. April 1897 erblickten die fassungslosen Frühaufsteher von Aurora um 6 Uhr morgens ein Luftschiff am Himmel, von dem immer wieder berichtet worden war. Es flog in nördlicher Richtung, aber irgend etwas schien nicht zu stimmen, denn es flog höchstens mit einer Geschwindigkeit von 15 bis 18 Stundenkilometern und näherte sich zudem langsam dem Erdboden. Es schwebte über den Marktplatz, kollidierte bei Erreichen des nördlichen Stadtteils mit dem Windmühlenturm von Richter Proctor und wurde dann in einer gewaltigen Explosion zerrissen. Windmühle und Wassertanks gingen dabei zu Bruch, während die Trümmer des Luftschiffs über eine große Fläche verstreut wurden. Auch der richterliche Blumengarten wurde in Mitleidenschaft gezogen. Außer dem Piloten soll niemand an Bord gewesen sein, und obwohl dieser durch die Explosion sehr ›stark gelitten habe‹, sei es möglich gewesen, aus den

Richter Proctors Brunnenanlage in Aurora,
über der im April 1897 ein UFO abgestürzt sein soll.

verbliebenen Resten seine nicht irdische Herkunft zu erkennen. Mr. T. J. Weems, der U.S. Army-Fernmeldeoffizier des Ortes und eine ›Autorität auf dem Gebiet der Astronomie‹ ging davon aus, dass es sich um einen Marsbewohner gehandelt habe. Die bei ihm sichergestellten Papiere – allem Anschein nach Reiseunterlagen – waren in unbekannten Hieroglyphen aufgezeichnet und konnten nicht entziffert werden. Da das Luftschiff durch die Explosion einer zu großen Zerstörung ausgesetzt war, konnten weder auf seine Konstruktion noch seinen Antrieb Rückschlüsse gezogen werden. Soweit erkennbar, bestand es aus einer Aluminium und Silber ähnelnden Mischung und muss mehrere Tonnen schwer gewesen sein. Heute bestaunen viele Leute die Überreste des fremdartigen Metalls. Die Beerdigung des Piloten wird morgen Mittag stattfinden.« Gezeichnet: E. E. Haydon.

Zu diesem Bericht sagt der amerikanische Autor Phil Patton: »Dieser Report unterschied sich von den meisten anderen, weil er mit einem Absturz in Zusammenhang stand und Beweismaterial des kollidierten Luftschiffs vorhanden war. Aber von dem merkwürdigen Metall ist niemals auch nur ein Stückchen aufgetaucht. Auch die so genannten Reiseunterlagen hat nie jemand zu Gesicht bekommen. Darüber hinaus hatte es kein Reporter der *Dallas Morning Times* oder einer anderen Zeitung für nötig befunden, weder den dramatischen Umständen des Berichts nachzugehen, noch Nachforschungen über das Grab des Piloten anzustellen.

Dennoch schien dieses Ereignis seine Schatten voraus zu werfen – die weit verstreuten Bruchstücke, das seltsame Material, die Hieroglyphen und die sichergestellte Leiche – all das waren die Grundelemente zukünftiger UFO-Abstürze bis hin zum berühmten Roswell-Zwischenfall.«

1973, nach einer erneuten der sich periodisch wiederholenden UFO-Wellen in den USA, erinnerten sich einige Zeitungsreporter wieder der alten Aurora-Geschichte. Denn am 24. Mai war in einer Anzahl von Zeitungen ein Bericht über einen gewissen Hayden Hewes, den Leiter der Organisation »Internationales UFO-Büro«, erschienen. Hewes behauptete, in Aurora Nachforschungen angestellt und dabei das Grab des Luftschiffpiloten gefunden zu haben. An der Stelle, wo sich das Grab – Berichten zufolge – befinden sollte, war er auf einen mit einem Pfeil und drei Kreisen markierten Felsblock gestoßen. Er drohte, die Öffnung der Grabstätte auf gerichtlichem Wege zu erzwingen, wenn man versuche, ihn daran zu hindern.

Unter anderem war auch *Reuters* an den Nachforschungen beteiligt und interviewte in diesem Zusammenhang eine 91-jährige Frau, die zur Zeit des Absturzes in Aurora ansässig war. Sie behauptete, sich sehr gut an die Beerdigung des Piloten zu erinnern. Damals sei der Friedhof vom örtlichen Masonic-Orden und einer Organisation namens »Aurora Cemetery Association« betreut worden. Aber der in ihrem Besitz befindliche Plan der Grabanlagen enthielt keinen Hinweis auf die

Grabstätte des Luftschiffpiloten noch auf namenlose Ruhestätten anderer Toten.

Die Friedhofsverwaltung unterband jeden Versuch, die angebliche Grabstätte des Piloten zu öffnen. In der Nacht zum 14. Juni 1973 verschwand der seltsame Felsbrocken auf die gleiche mysteriöse Art und Weise, wie er dort hingekommen war.

So geht auch die Mär, dass ein Baumwoll-Aufkäufer die ganze Geschichte für die Zeitung in Dallas erfunden habe, weil er den Niedergang der Stadt Aurora – der einst größten Stadt im »Wise County« – nicht mehr ertragen konnte. Denn seit die neue Eisenbahn dort vorbeifuhr ohne anzuhalten, versank Aurora im Dornröschenschlaf.

Aber der Aurora-Vorfall war nicht der einzige, der sich im April 1897 zugetragen haben soll. So berichtete zum Beispiel der *Daily Texarkanian*, die Tageszeitung von Texarkana im Bundesstaat Arkansas, am 25. April 1897 von den fantastischen Erlebnissen des Richters Lawrence A. Byrne. Hier die Geschichte eines Mannes, dessen Mitbürger ihm absolute Glaubwürdigkeit und Zuverlässigkeit bescheinigen:

»Der Richter hatte am vergangenen Freitag an einem sumpfigen Nebenarm des Mekinney-Flusses Gebietsvermessungen überprüft. Dabei war er aus dem Dickicht auf eine Lichtung getreten und hatte dort zu seinem maßlosen Erstaunen ein sonderbares Objekt stehen sehen. Beim Näherkommen wurde ihm bewusst, dass es sich um das gleiche Flugobjekt handeln musste, von dem in letzter Zeit in den Tageszeitungen so oft berichtet wurde. Byrne sah drei fremdartige, kleine Männer mit mongolischen Gesichtszügen und Bärten, die sich in einer unbekannten Sprache unterhielten. Die drei sahen zu ihm hinüber, und als sie seine Überraschung bemerkten, winkten sie ihm zu und gaben ihm durch Zeichen zu verstehen, dass er zu ihnen hinüber ins Flugzeug kommen sollte. Wie Byrne erklärte, war dieses aus Aluminium.«

Könnte es ein Zeichen der Zeit gewesen sein, dass so genannte »Kontaktzeugen« zumeist behaupteten, die Besatzungsmitglieder dieser Flugobjekte seien Männer mit Bärten gewesen?

Eine der komischsten Kontaktgeschichten des Jahres 1897 veröffentlichte der *Couvier-Herald* in Saginar:

»Die Einwohner von Linn Grove erklärten kategorisch, dass sie die Existenz einer Flugmaschine nunmehr nicht mehr bezweifeln. Denn am Vortag wurde ein großes Objekt am Himmel beobachtet, das sich langsam in nördlicher Richtung fortbewegte und anscheinend landen wollte. Sofort sprangen der Kaufmann James Evan, der Pferdegeschirrhändler F. G. Elis, Ben Buland, der Effektenhändler, und zwei weitere Männer in eine Kutsche und trieben die Pferde in Richtung der Maschine, die etwa sechs Kilometer nördlich der Stadt niedergegangen war. Als die jagenden Pferde die Kutsche bis auf 250 Meter an die Maschine herangebracht hatten, stieg diese auf und flog in nördlicher Richtung davon. Zuvor jedoch bewarfen die

Insassen ihre Verfolger noch mit ein paar Gesteinsbrocken. Diese wurden von den Verfolgern mit ins Dorf genommen und anschließend ausgestellt. Die Zusammensetzung des Gesteins konnte nicht ermittelt werden. Jedenfalls herrschte in Linn Grove helle Aufregung, als das Objekt die Stadt überflog.«

Der *Argus-Leader* von Sioux Falls, South Dakota, und eine Anzahl anderer Zeitungen veröffentlichten am 15. April einen Vorfall unter der Spalte »Springfield, Illinois«:

»Die Landarbeiter Adolph Winkle und John Hulle erklärten an Eidesstatt, dass gut drei Kilometer außerhalb von Springfield ein Flugobjekt gelandet sei, um so etwas wie elektrische Apparaturen an Bord zu reparieren. Die Arbeiter behaupteten außerdem, sie hätten mit Insassen dieses Objekts, zwei Männern und einer Frau, gesprochen und dabei erfahren, dass das Objekt in einer halben Stunde von dem ungefähr 160 Kilometer entfernten Quincy nach Springfield geflogen sei.«

Auch der Sheriff J. Sumpter jr. und sein Deputy Sheriff John McKenire von Garland County, Arkansas, unterzeichneten am 8. Mai 1897 eine eidesstattliche Erklärung über das, was sie am 6. Mai erlebt hatten.

Auf ihrem Patrouilleritt in nördlicher Richtung war ihnen in jener Nacht ein glänzendes Licht hoch am Himmel aufgefallen, das dann plötzlich verschwand. Da die beiden Polizisten nach herumlungernden Landstreichern suchten, vermieden sie es, laut zu sprechen, um nicht unnötig auf sich aufmerksam zu machen. Als sie eine Weile zwischen den Hügeln dahin ritten, war das Licht plötzlich wieder da, wenn auch viel näher am Boden als zuvor. Die Gesetzeshüter brachten ihre Pferde zum Stehen und beobachteten, wie es immer weiter sank und hinter einem Hügel verschwand. Nun trieben sie ihre Pferde wieder an und ritten etwa einen Kilometer in dieser Richtung weiter, bis die Tiere plötzlich scheuten und den Gehorsam verweigerten. Jetzt bemerkten die Polizisten etwa 35 Meter entfernt zwei Personen, die Lichter trugen. Die Polizisten brachten ihre Winchestergewehre in Anschlag und riefen: »Wer ist da? Was machen Sie da?« Eine Lampe in der Hand, kam ein kleiner, bärtiger Mann zum Vorschein, der dem Sheriff und seinem Deputy auf Befragen antwortete, dass er mit einem jungen Mann und seiner Frau in einem Luftschiff auf Reisen sei. Die Polizeibeamten sahen deutlich die Umrisse eines zigarrenförmigen Objekts von etwa 180 Metern Länge, das ganz genau der Skizze eines Flugobjekts glich, das kürzlich in Zeitungen abgebildet war. Sie befragten den Fremden, warum das blendende Licht des Luftschiffs ständig an- und ausgeschaltet werde. Daraufhin erhielten sie zur Antwort, damit würde Antriebsenergie gespart. Da die Polizisten ihre Streife fortsetzen mussten, ritten sie davon. Als sie nach etwa 40 Minuten zurückkamen, war niemand mehr da. Außerdem hatten sie weder gehört noch gesehen, dass das Flugobjekt aufgestiegen war und die Gegend verlassen hatte.

Angesichts solcher Berichte mag der Eindruck entstehen, dass es sich bei Massensichtungen unbekannter

Flugobjekte um ein rein amerikanisches Problem handelt. Doch dem ist nicht so.

Anfang der dreißiger Jahre erschienen über Europa, vorzugsweise aber im skandinavischen Luftraum, große graue Flugmaschinen, die weder Hoheits- noch sonstige Kennzeichen trugen. Häufig tauchten sie im Verlauf schwerer Gewitter auf, zogen ihr Kreise über Städten, Festungsanlagen, Eisenbahnen oder Schiffen auf See und stellten sehr oft ihre Motoren ab. Immer wieder wurde von mehrmotorigen Maschinen gesprochen. Eine Beobachtergruppe von fünf Zeugen beharrte sogar darauf, eine Riesenmaschine mit acht Propellern gesehen zu haben. Allerdings gab es zu jener Zeit in Skandinavien praktisch keine Privatmaschinen, und große Verkehrsmaschinen waren noch nicht über die Entwicklungsphase hinausgekommen.

Admiral Byrd und Floyd Bennet waren 1926 in einer dreimotorigen Fokker vom norwegischen Spitzbergen zum Nordpol geflogen. Ein Flug, der damals in Skandinavien auf großes öffentliches Interesse stieß, zudem wurden in der Presse immer wieder Photos dieses Flugzeugs veröffentlicht. Als sechs Jahre später am skandinavischen Himmel immer wieder mysteriöse Flugmaschinen beobachtet wurden, glaubten viele Augenzeugen, sie mit der dreimotorigen Fokker von Byrd vergleichen zu müssen.

Diese Berichte wurden von der schwedischen Luftwaffe keineswegs als Bagatelle abgetan. Vielmehr wurden 1934 24 Doppeldecker in die dünnbesiedelten

Gebiete des Landes abkommandiert, um die dort auf-
getauchten »Geisterflieger« ausfindig zu machen. Eine
gründliche Suchaktion zu Wasser, zu Lande und in der
Luft wurde durchgeführt, um diesem Phänomen auf
die Spur zu kommen. Da die schwedischen Luftwaffenpiloten ihren Auftrag unter halsbrecherischsten
Bedingungen durchführen mussten, stürzten zwei der
Maschinen ab.

Doch dies sollte erst der Anfang einer Ära sein, in der
uns der Himmel mit einem neuen Geheimnis konfron-
tierte.

Projekt »Feuerball«

FÜR DEN BAU DER ERSTEN fliegenden Untertassen war vor allem der Flugkapitän Rudolph Schriever verantwortlich – ein Flugzeugingenieur der deutschen Luftwaffe, der Anfang 1940 den Heinkel-Flugzeugwerken bei Rostock unterstellt war.

Schriever wurde gleich zu Beginn der Konstruktionsabteilung des Werkes zugeteilt und führte gelegentliche Testflüge mit neuen Flugzeugtypen durch. Das jedenfalls wissen Renato Vesco und David Hatcher Childress in »Man Made UFOs. 1944 bis 1994« zu berichten.

Es wird behauptet, dass Schriever von den Ideen des amerikanischen Flugzeugkonstrukteurs Charles Horton Zimmermann beeinflusst war und ein großes Interesse an scheibenförmigen Flugkörpern hatte, die senkrecht starten und landen konnten. Die Schrieverschen Ideen erregten sehr bald das Interesse des fortschrittlichen Firmeninhabers Ernst Heinkel, der ihn offensichtlich ermutigte, den Prototyp einer fliegenden Untertasse zu entwerfen.

Nach den Schrieverschen Entwürfen wurde im Frühjahr 1941 in einer Werkstatt von Garagengröße ein kleines untertassenförmiges Objekt zur technischen Beweisführung konstruiert. Dieser Versuch lief unter der Bezeichnung »Version 1«, war informell aber als »Flugkreisel« bekannt.

Der erste Testflug des Flugkreisels war im Juni 1942 abgeschlossen. Die Ergebnisse waren soweit zufriedenstellend, dass unter höchster Geheimhaltungsstufe des Reichsluftfahrtministeriums (RLM) ausreichend Mittel zur Verfügung gestellt wurden, um eine bemannte Version in normaler Größe entwickeln zu können.

Leider gibt es keine Unterlagen oder Berichte, die auf den Piloten dieser Maschine – der V2 oder Version 2[6] – hinweisen. Wahrscheinlich hat Schriever jedoch mehr als einmal die Testflüge selbst übernommen. Bedauerlicherweise bleibt die genaue Spezifikation dieses V2-Flugkreisels unklar. Es existieren weder RLM- noch Heinkel-Berichte, denen die Testergebnisse oder das endgültige Geschick dieses Flugobjekts zu entnehmen wären. Allerdings wurde die V2-Scheibe gelegentlich auch als »das Flugrad« bezeichnet und ihre Größe mit etwa neun Metern im Durchmesser angegeben.

Anfang 1944 soll das streng geheime Schrieversche Untertassen-Programm in die Tschechoslowakei verlegt und in zwei von einander getrennten Fabrikanlagen untergebracht worden sein. Der größte Teil der

---

6 Nicht zu verwechseln mit der Peenemünder Rakete V-1 bzw. V-2!

Arbeit wurde jedoch in einer streng abgeschirmten Abteilung der BMW-Fabrik in Prag erledigt.

Die Peenemünder V-2-Rakete

Inzwischen als Sonderprojekt-Gruppe bezeichnet, arbeitete das Untertassen-Team nun mit verschiedenen führenden Flugzeugkonstrukteuren und Wissenschaftlern zusammen, unter anderem mit Dr. Richard Miethe, der am V-1- und V-2-Raketenprogramm im Peenemünder Raketen-Forschungszentrum beteiligt war, und Dr. Giuseppe Beluzzo, einem italienischen Physiker, der verschiedene neue aerodynamische Konzepte an der LFA-HG (Luftfahrtforschungsanstalt Hermann Göring) entwickelt hatte. Dieser gewaltige, streng geheime Luftfahrtforschungskomplex befand sich in Volkenrode bei Braunschweig und war so hervorragend getarnt, dass er von den Alliierten während des Zweiten Weltkriegs nie entdeckt wurde. Ein Großteil der Anlage lag unter der Erde, war mit zwei dem damaligen Stand entsprechenden Ultraschall-Windtunneln und wissenschaftlichen Einrichtungen ausgestattet, die der britische Geheimdienst später als die besten der Welt bezeichnete.

Als weiterer hochangesehener Luftfahrtingenieur stieß der auf Gasturbinen-Technologie spezialisierte Klaus Habermohl zur Schrieverschen Gruppe. Er arbeitete als wissenschaftlicher Consultant für BMW.

Unter der Leitung von Schriever konstruierte das Team ein noch größeres untertassenförmiges Luftfahrzeug, das unter der Bezeichnung »V3« (Version 3) bekannt wurde.

Wahrscheinlich lag die Gesamtverantwortung für das Untertassenprojekt bei Heinkel, während BMW, die während des Krieges in der Hauptsache mit der Produktion von Kolben- und Düsentriebwerken beschäftigt waren, ihre Unterstützung für eine Reihe fortgeschrittener Antriebssysteme zur Verfügung stellten – eine nicht zu unterschätzende Unterstützung des Schrieverschen Entwicklungsetats.

Viktor Schauberger

Der österreichische Erfinder und Wissenschaftler Viktor Schauberger (1885-1958), behauptete, in erster Linie für die Herstellung bestimmter Teile für die fliegenden Untertassen verantwortlich gewesen zu sein. Später gab er sogar zu, dass ein Teil der anfallenden Arbeit von tschechischen Ingenieuren im Konzentrationslager Mauthausen erledigt worden sei.[7]

Die Schrieversche Untertasse V3 wurde im August 1944 fertig gestellt. Gegenüber der Vorgänger-Version V2 wurde sie als wesentlich fortschrittlicher bezeichnet und verfügte über einen Durchmesser von etwa 15 bis 20 Metern.

So soll die V3-Flugscheibe im Zentrum über eine Cockpit-Kuppel verfügt haben und außerdem mit einem rotierenden Ring mit justierbaren Steig- und

---

7 Schauberger und sein Sohn tauchten nach dem Krieg in den Vereinigten Staaten auf. Kurz vor seinem Tod im Jahr 1958 erklärte der Wissenschaftler, an einem streng geheimen »Flying Disc«-Programm der USA in Texas mitgearbeitet zu haben.

Landeklappen für den vertikalen oder horizontalen Flug ausgestattet gewesen sein. Aus Schrieverschen Nachkriegsinterviews geht hervor, dass der V3-Flugkreisel durch eine direkt unter der Piloten-Druckkabine liegende BMW-Turbine angetrieben wurde.

Vermutlich dachte Schriever bei der Erwähnung eines Antriebssystems an eine weit »exotischere« Methode als eine konventionelle Turbine, möglicherweise an ein um das Cockpit rotierendes Turbinensystem. Im Horizontalflug würden so die Turbinenabgase durch eine Anzahl von seitlichen Öffnungen an der Flugscheibe ausgestoßen und die Vertikal-, Steig-, Sink- und Schwebefunktion durch die Zuführung der heißen Abgase direkt zur Unterseite des Flugkörpers geleitet.

Da deutsche Luftfahrtstützpunkte durch alliierte Bomber ständig außer Gefecht gesetzt und Betonstartbahnen für lange Zeit unbrauchbar gemacht wurden, wäre eine Hochgeschwindigkeitsmaschine für den Reichsluftmarschall äußerst attraktiv gewesen.

Die Konstruktion der nächsten Heinkel-Flugscheibe wurde gegen Ende 1944 im BMW-Fabrikationsbereich in Angriff genommen, nach einem Entwurf, der Miethe zugesprochen wurde.

Diese Flugscheibe mit etwa 45 Metern Durchmesser (tatsächlich soll sie nur etwa halb so groß gewesen sein) wurde oft als »V7« bezeichnet. Die Bezeichnung »V7« deutet auf drei Vorgänger-Prototypen hin, obwohl diese wahrscheinlich nie über das Zeichenbrett hinausgekommen sein dürften.

Das »Auftauchen« des V7–Prototyps lässt vermuten, dass sich nach der Etablierung des Teams in Prag ein radikaler Konstruktionsumschwung vollzogen haben muss, der mit komplexen, steuerbaren Turbinen-Schwenkdüsen einherging. Leider jedoch sind Einzelheiten über den Turbinen- oder Raketenantrieb nicht bekannt.

Der Ingenieur Georg Klein behauptete, den ersten Flug der von Miethe entworfenen V7-Flugscheibe im Februar 1945 beobachtet zu haben. Weitere Zeugen, darunter Viktor Schauberger, versicherten sogar, die V7 habe Überschallgeschwindigkeit erreicht. Ob diese Aussage zutrifft oder ob hier eine maßlose Übertreibung im Spiel ist, lässt sich heute nicht mehr nachweisen. Major Rudolph Luser gibt an, der erste Flug der V7 sei von Schriever und Habermohl durchgeführt worden. Es existieren drei Aufnahmen eines 16- mm-Films, auf denen eine V7 zu sehen ist und an der zwei Ingenieure arbeiten. Einigen Berichten über Schrievers Flugscheiben kann entnommen werden, dass die »Fliegende Untertasse V7« von der Waffen-SS zerstört wurde, als Feldmarschall Wilhelm Keitel am 9. Mai 1945 die Kapitulationsbedingungen ratifizierte.

Aus zuverlässigen Quellen ist bekannt geworden, dass die gesamte technische Dokumentation im Zusammenhang mit diesem Projekt verbrannt wurde. Zeugenaussagen zufolge sollen tschechische Partisanen für die Zerstörung der V7 verantwortlich gewesen sein. Andere Augenzeugen berichteten, dass tschechische Partisanen sowohl für die Zerstörung der V7 als auch für die Ermordung der meisten Techniker verantwortlich gewesen seien.

In einigen Berichten wird bestätigt, dass etwa vom 5. Mai 1945 an tschechische Partisanen öffentlich aktiv wurden: Sie griffen viele der industriellen und militärischen Niederlassungen im Umfeld von Prag an, darunter höchstwahrscheinlich auch die BMW-Fabrik.

Am 10. Mai 1945 rollten russische T-34-Panzer gleichzeitig mit einer kleinen amerikanischen Kampfeinheit, die sich von Westen näherte, in das Stadtzentrum ein. So wurde Prag die letzte europäische Hauptstadt, die befreit wurde.

Unter diesen Umständen könnte die V7 sowohl in russische als auch in amerikanische Hände gefallen sein – falls sie den Angriff überlebt haben sollte. Vielleicht sogar zusammen mit einer noch weit fortschrittlicheren, größtenteils vollendeten Flugscheibe mit der Projektkennzeichnung »V8«.

Die Konstruktion der V8 geht größtenteils auf das Konto von Miethe. Verschiedenen Berichten zufolge wurde die Flugscheibe durch vier Düsentriebwerke mit Nachbrennern angetrieben und soll angeblich eine Spitzengeschwindigkeit von Mach 3 erreicht haben. Das erscheint insofern unglaubwürdig, da Mach 3 offiziell erst 1956 durch den amerikanischen Luftwaffenpiloten Captain Milburn Apt mit seinem Bell x-2-Raketenflugzeug erreicht wurde.

Rudolf Schriever kehrte Ende des Zweiten Weltkriegs in seine Heimatstadt Bremerhaven zurück. Dort verbrachte er seine restlichen Lebensjahre in der Hoffnung, dass seine Geschichte von den »Fliegenden Scheiben« ernst genommen werden würde.

Doch weder Amerikaner, Briten noch Russen waren daran interessiert, von Schriever Auskünfte über die Nazi-Flugscheiben einzuholen oder ihn gar in den Nachkriegs-Luftfahrtprojekten einzusetzen. Daraus glaubten viele Luftfahrthistoriker, Journalisten und die Skeptiker ohnehin die Schlussfolgerung ableiten zu können, dass die »Untertassen des Dritten Reichs« nur eine Legende beziehungsweise ein Wunschtraum unbelehrbarer Neo-Nazis sind.

Ende 1944 kam es am Nachthimmel über Deutschland zu ungewöhnlichen UFO-Sichtungen. Alliierte Bom-

Silver Balls Floating in Air Nazis' Newest War Device

(The Associated Press)

Paris, Dec. 13.—As the Allied armies ground out new gains on the western front today, the Germans were disclosed to have thrown a new "device" into the war—mysterious silvery balls which float in the air.

Pilots report seeing these objects, both individually and in clusters, during forays over the Reich.

(The purpose of the floaters was not immediately evident. It is possible that they represent a new anti-aircraft defense instrument or weapon.)

(This dispatch was heavily censored at supreme headquarters.)

Nur eine von zahlreichen Zeitungsmeldungen aus dem Jahr 1944, die über die Foo-Fighter-Sichtungen berichten.

berbesatzungen berichteten von Begegnungen mit kompakten, hell leuchtenden Objekten, die mit ihren Kampfmaschinen Schritt hielten, offensichtlich unter intelligenter Kontrolle standen, aber nicht zu identifizieren waren. Als die Sichtungen zunahmen, vermuteten manche Beobachter, dass diese strahlenden »Lichtbälle« schwere elektrische Störungen der Funk- und Radaranlagen ihrer Kampfmaschinen verursachten.

So beschrieb ein Pilot, dass sich bei einem Nachteinsatz leuchtend rote Lichtbälle auf den Flügelspitzen seiner Maschine »niedergelassen« hätten, bis er mit seiner Maschine »bei hoher Geschwindigkeit abtauchte«.

In anderen Berichten wurden leuchtende, weiße Kugeln erwähnt, und in Tageseinsätzen gab es zahlreiche Hinweise auf mysteriöse silbrige Bälle, die an den alliierten Maschinen entlangschwebten, hin und wieder in kleinen Gruppen.

Wissenschaftler waren uneins, ob eine neue fortschrittliche Nazi-Waffe im Spiel war, die auf Me-163-Raketenflugzeug-Technologie basierte, oder ob es um irgendein bisher unbekanntes natürliches Phänomen ging. Piloten und Flugzeugbesatzung zweifelten jedoch nicht im Geringsten, dass Ersteres der Fall war, womöglich um sie vom Kurs abzubringen.

Ende 1944 entschied die Militär-Zensur, dass in der englischen und amerikanischen Presse Berichte über »Foo Fighter« veröffentlicht werden durften. Und das hieß gewöhnlich, dass es sich um eine neue Nazi-Waffe mit unbekanntem Zweck handelte.

Time Magazin trat 1945 mit einem interessanten Artikel über dieses neuartige Phänomen an die Öffentlichkeit. Darin wurde es unter anderem »als die verwirrendste Geheimwaffe« beschrieben, auf die alliierte Kampfflugzeuge gestoßen wären.

Foo-Fighter-Feuerbälle – sind oft als unerklärliche natürliche Phänomene abgetan worden, oder es wurden feindliche Sonden dahinter vermutet. Der italienische Flugzeugingenieur Renato Vesco jedoch hatte dafür eine weit plausiblere Erklärung: Nach eingehender Untersuchung dieses Materials sei er zur Schlussfolgerung gelangt, dass es sich um kleine, hochentwickelte untertassenförmige Flugobjekte handelt, die unter strengster Geheimhaltung im LFA-HG von einer Gruppe namentlich nicht bekannter Wissenschaftler unter Aufsicht der SS entwickelt worden seien.

Vesco beschrieb die Foo-Fighter als zwei »aufeinander gestülpte Suppenteller«, die durch eine am Rande rotierende Gasturbine angetrieben wurden. Möglicherweise ging es hier um die so genannte »Fliegende Schildkröte«, die von der SS-E-IV in der Wiener Neustadt entwickelt wurde; unbemannte Flugsonden, die bei den elektrischen Zündanlagen der alliierten Streitkräfte Störungen auslösen sollten.

Die so genannten »Seifenblasen«, die hin und wieder auch als Foo-Fighter klassifiziert wurden, verkörperten lediglich einfache, mit dünnen Metallspiralen versehene Ballons, die beim feindlichen Radar Störungen verursachen sollten.

Inwieweit Vescos Behauptung, die Foo-Fighter seien durch Funksignale zu den feindlichen Flugzeugen ferngelenkt worden, um dort elektromagnetische Störimpulse auszulösen, den Tatsachen entspricht, ist heute kaum mehr nachzuweisen.

Ein ehemaliger U.S.-Air-Force-Offizier, der Ende des Zweiten Weltkriegs zum Nachrichtendienst der Achten Air Force gehörte, erklärte der New Yorker Presse: »Möglicherweise stellten die »fliegenden Untertassen« die neueste Entwicklung einer psychologischen Flugabwehrwaffe dar, die bereits von den Deutschen zum Einsatz gebracht wurden. Im Verlauf von Nachteinsätzen über Westdeutschland sind mir bei verschiedenen Gelegenheiten leuchtende Scheiben oder Bälle aufgefallen, die unseren Flugformationen folgten. Die deutschen Nachtjäger benutzten starke Suchscheinwerfer, um ihre Ziele zu erfassen beziehungsweise um die feindlichen Heckenschützen zu blenden. Im letzten Kriegsjahr setzten die Deutschen auch ferngesteuerte leuchtende Objekte ein, von denen die elektrischen Zündanlagen unserer Motoren oder unser Bordradar außer Betrieb gesetzt wurden. Diese Erfindung wurde aller Wahrscheinlichkeit nach von amerikanischen Wissenschaftlern aufgegriffen, perfektioniert und mit ihren neuen Luftverteidigungs- und Angriffswaffen in Einklang gebracht«.

Auch Flieger, die an der Eröffnung der Zweiten Front teilgenommen hatten, berichteten von bestimmten

Phänomenen, die sie gegen Ende der Feindseligkeiten zwischen Hagenau in Elsass-Lothringen und Neustadt an der Weinstraße im Rheintal beobachtet hatten und die mit heutigen Berichten über fliegende Untertassen seltsame Ähnlichkeit aufweisen. Da die amerikanischen Kampfflieger davon überzeugt waren, es mit einer neuen deutschen Geheimwaffe zu tun zu haben, tauften die amerikanischen Flieger sie »Foo-Fighter« (Feuerkämpfer) nach dem französischen Wort Feu (Fire/Feuer) und spaßeshalber »Krautballs«. Ähnliche Beobachtungen wurden später über den japanischen Inseln gemacht, wenn auch in weit geringerem Ausmaß.

R. Palmer, ein ehemaliger US-Kriegskorrespondent, hat beispielsweise von einem Foo-Fighter berichtet, der einem amerikanischen Kampfflugzeug etwa 30 Kilometer über dem Rheintal folgte.

Ein Zwischenfall, der sich am 23. November 1944 um 22 Uhr zutrug. Der in Dijon stationierte Leutnant Edward Schlueter von der 415. US-Nachtjäger-Squadron flog in seiner Maschine Richtung Mainz. Nachdem der Pilot den nördlichen Rand des Schwarzwaldes weitläufig umflogen hatte, folgte er dem Flusslauf des Rheins. Etwa 35 Kilometer vor Straßburg beobachtete der an dem Aufklärungsflug teilnehmende US-Nachrichtenoffizier Leutnant Fred Ringwald durch das abgedunkelte Seitenfenster des Cockpits in der Ferne eine Formation von etwa zehn kleinen rötlichen Feuerbällen, die sich mit enormer Geschwindigkeit fortbewegte.

»Was sind das da drüben über den Berggipfeln für Lichter?«, fragte Ringwald Schlueter. »Wahrscheinlich Sterne«, antwortete der Pilot. »Glaub ich nicht«. »Sind Sie sicher, dass es keine Reflektion von uns ist?« »Absolut.« Verwundert nahm der Pilot die nun genau auf seine Maschine zusteuernden Lichter ins Visier und funkte umgehend an die amerikanische Boden-Radarstation: »Hier oben treiben sich etwa zehn Nachtjäger herum. Sieht aus, als ob sie uns verfolgen – sie fliegen unglaublich schnell.«

»Ihr Burschen müsst verrückt sein, außer euch ist niemand da oben«, antwortete der Radaroperator.

Leutnant Donald Meiers, der Radarbeobachter an Bord, ging nun zum Radargerät, um die Feuerbälle zu orten. Doch obwohl der Luftraum und der Himmel ringsum genau überprüft wurden, ließ sich keine feindliche Maschine nachweisen. »Sicher – auf dem Radarschirm ist keine Feindmaschine aufgetaucht. Trotzdem diese Lichter …«

Unheimlich leuchteten sie ein paar Kilometer entfernt weiter. Schlueter steuerte »mit Volldampf« darauf zu. Als hätten sie den Angriff erwartet, ließ ihr Leuchten rapide nach. Und ohne ihre Position zu verändern, wurden sie nach wenigen Augenblicken völlig unsichtbar. Der amerikanische Jäger überquerte diesen Himmelsabschnitt, ohne einem anderen Flugkörper zu begegnen.

Nur wenige Minuten später tauchten die leuchtend roten Licht-Bälle erneut auf, zwar etwas weiter entfernt, aber so, als hätten sie sich zu einem Angriff formiert. Doch dann verschwanden sie nach etwa sechs Minuten unerwartet in einem langen Gleitflug in Richtung der deutschen Stellungen hinter der so genannten Siegfried-Linie.

Im gleichen Moment wurde das Bordradar des Nachtjägers von schwerwiegenden Störungen heimgesucht, mit der Folge, dass der Pilot in dieser Nacht keine Tiefflugangriffe auf Züge durchführen konnte.

Als die Besatzung während des Rückflugs zur Basis die Vorfälle diskutierte, kamen die Flieger zur Überzeugung, dass es sich bei den von ihnen beobachteten leuchtend roten »Bällen« um experimentelle Objekte gehandelt habe und damit auch der Radarausfall zu erklären sei. Da sich die »Lichter« nicht mit Sicherheit identifizieren ließen und zudem jeder Hinweis auf aggressive Absichten fehlte, entschloss sich die Nachtjägerbesatzung, den Zwischenfall in ihren Flugberichten an das Dijon-Kommando nicht zu erwähnen, aus Furcht, als Verrückte oder Opfer einer Kriegsneurose bezeichnet zu werden.

Am 27. November 1944 entdeckten die Piloten Henry Giblin und Walter Cleary bei Speyer ein riesiges orangerotes Licht, das in etwa 1.500 Metern Flughöhe mit einer Geschwindigkeit von rund 400 Stundenkilometern über ihren Jagdbomber hinweg zog. Die Nachfrage der Piloten bei der zuständigen Bodenradarstation, ob mit einer Bedrohung zu rechnen sei, wurde mit der Gegenfrage »Verrückt geworden?« beantwortet.

Nach Ausfall des Radargeräts sah sich die Flugbesatzung gezwungen, zum Stützpunkt zurückzufliegen. Ein ausführlicher Bericht – das erste offizielle Eingeständnis überhaupt – bestätigte die Existenz der unerklärlichen Lichter. Die beiden Flieger, die über den Vorfall berichtet hatten, wurden zur Zielscheibe vieler Späße.

Kein Wunder, dass andere Flieger, die den mysteriösen Foo-Fightern begegneten, diese wohlweislich nicht mehr in ihren Berichten erwähnten. Schließlich hatten sie aus dem Geschick ihrer Kameraden ihre Lehren gezogen.

Die der 415. Squadron angehörenden Piloten McFalls und Baker hielten es schließlich für geboten, die »Geheimhaltungstaktik« wieder außer Kraft zu setzen und zu den »nackten Tatsachen« zurückzukehren. Ihr sehr kurzer, aber detaillierter Bericht zwang den US-Luftwaffengeheimdienst, das Geschehen einer ernsthaften Überprüfung zu unterziehen:

»Am 22. Dezember 1944 stiegen um 6 Uhr in der Nähe von Hagenau zwei helle, orangefarbene Lichter in 10.000 Fuß Höhe zu uns auf. Sie fingen uns ab, hängten sich an unsere Maschinen und blieben uns dicht auf den Fersen. Es waren riesige orangerot leuchtende Lichter. Sie verweilten etwa zwei Minuten dort, die ganze Zeit am Schwanzende meiner Maschine. Sie befanden sich unter perfekter Kontrolle – wie sich der Radaroperator am Boden ausdrückte. Dann verließen sie uns und das Leuchten verblasste.« Der Rest des Berichts war zensiert. Offenbar wurde das Flugzeugradar und dessen plötzlicher Ausfall erwähnt.

»Als eben diese Piloten zwei Nächte später den Rhein überflogen, wurden sie unvorhergesehen von einem rotleuchtenden Ball ›angegriffen‹, der sich plötzlich in ein Flugzeug verwandelte, das einen ›Immelmann-turn‹ vollzog. Dann führte es einen Sturzflug durch und verschwand.« Weitere zensierte Zeilen folgten.

Die Kenntnis dieser sich zunehmend wiederholenden Fakten zog schließlich die Aufmerksamkeit militärischer Publikationen auf sich. In den letzten Dezembertagen des Jahres 1944 waren Berichte mit den persönlichen Meinungen verschiedener US-Geheimdienstoffiziere zum *American Legion Magazine* durchgesickert, die darauf hindeuteten, dass die Foo-Fighter ferngesteuerte deutsche Erfindungen verkörpern, mit dem Ziel, das Radar der feindlichen Nachtjäger außer Betrieb zu setzen.

Eine weitere amerikanische Bomberbesatzung berichtete, dass sie in einiger Entfernung von einer Formation »leuchtender Bälle« verfolgt worden sei. Jeder einzelne habe seltsame Lichtpulse ausgestrahlt, die offenbar auf Geschwindigkeitsveränderungen zurückzuführen seien. An einem bestimmten Punkt hätten sich diese riesigen rotierenden Bälle gewissermaßen »bis auf Tuchfühlung« einander genähert und die Flieger gleichzeitig kurzfristig intensive Hitze wahrgenommen. Zudem sei die Bordradaranlage ausgefallen.

Als der Pilot einer anderen »Fliegenden Festung« von der Begegnung mit Feuerbällen über deutschem Territorium berichtete, verspotteten ihn seine Kameraden mit der Unterstellung, er habe wohl die berühmten Rheinjungfrauen gesehen. Total verunsichert, war er schon überzeugt, überhaupt nichts gesehen zu haben, wäre er nicht zwei Tage später, auf dem Rückweg zu seinem Stützpunkt, einer »feurigen Masse« begegnet, ähnlich der, die ihm so viel Spott eingetragen hatte. Da sich seine Flugroute mit der des »Feuerballs« zu kreuzen drohte, entschloss sich der Pilot direkt auf den Foo-Fighter zuzufliegen. Als er einige hundert Meter davon entfernt war, hörte er plötzlich ein sonderbares Geräusch, ähnlich dem Störungswirbel eines nicht sichtbaren Flugzeugs. Der Pilot setzte seine Flugroute fort, während der Feuerball zu erlöschen oder sich zu entfernen schien. Als er schließlich seine Flugroute zum Stützpunkt wieder aufnahm, entdeckte der Pilot in weiter Ferne und großer Höhe den Feuerball am Himmel.

Die Briten waren von Beginn an (offiziell) in keiner Weise an dem Phänomen interessiert. In der britischen Presse erschien nicht der geringste Hinweis auf die bekannt gewordenen Fakten. Tatsächlich jedoch befasste sich Section T des britischen Geheimdienstes intensiv mit dieser Angelegenheit.

Anfang Mai 1945 kreiste ein Pilot der 415. Squadron im freien Kampfeinsatz über dem Pfälzer Wald; dort wo französische und amerikanische Streitkräfte immer noch damit beschäftigt waren, die vielen isolierten Nester deutscher Einheiten aufzulösen. Dabei fielen ihm fünf orangefarbene »Bälle« auf, die sich in Dreiecksformation fortbewegten. Das war die letzte Episode im Rahmen dieser seltsamen Vorfälle. Nach Beendigung des Zweiten Weltkriegs waren die Foo-Fighter für fünf Jahre vergessen.

Mit dem Auftreten der dritten Welle fliegender Untertassen im Jahr 1950 traten auch die Foo-Fighter wieder in Erscheinung – von UFOlogen nunmehr als Beweis angeführt, dass während des letzten Weltkriegs »Marsianer den irdischen Himmel bevölkert« hatten.

Da der Gedanke außerirdischer Beobachter bei Skeptikern auf wenig Gegenliebe stößt beziehungsweise unerträglich ist, durfte es ratsam sein, sich erst einmal mit der geheimen Militärtechnologie des Dritten Reichs und deren Weiterentwicklung, vor allem in den USA, zu befassen. Denn das Phänomen der unbekannten Flugobjekte lässt die Gemüter bis heute nicht zur Ruhe kommen.

Auf Entenfang

AM ABEND DES 21. OKTOBER 1978 stieg Frederick Valentich, ein 20-jähriger australischer Polizeibeamter aus Melbourne, in das Cockpit seiner gecharterten Cessna 182. Es war herrliches Flugwetter, ein Grund mehr, um sein freies Wochenende auf King Island zu verbringen.

Frederick Valentich

In einer Flughöhe von 1.400 Metern über Utang kam es zwischen dem Cessna-Piloten (DSJ) und der Flugkontrolle in Melbourne zu folgendem Dialog:

19:06:14 *»DSJ ruft Melbourne. Gibt es Flugverkehr unter 1.500 m?«*
19:06:23 »Hier FSU, hallo DSJ, kein Flugverkehr bekannt.«

19:06:26 *»Hier DSJ. Unter 1.500 m fliegt anscheinend eine große Maschine.«*

19:06:46 »Ist der Flugzeugtyp zu erkennen, DSJ?«

19:06:50 *»Nicht identifizierbar, zu hell, sieht aus, als hätte das Objekt Landelichter.«*

19:07:04 »DSJ, bitte melden.«

19:07:32 *»Hier DSJ, Melbourne. Das Objekt ist gerade 300 m höher über mich hinweg geflogen.«*

19:07:43 »Verstanden, DSJ. Ist es eine große Maschine?«

19:07:47 *»Kann ich nicht sagen, FSU, flog zu schnell. Gibt es Militärmaschinen in der Nähe?«*

19:07:57 »Hören Sie, DSJ? Im Umkreis ist kein bekanntes Flugzeug auszumachen.«

19:08:18 *»Hallo, Melbourne, das Objekt nimmt vom Osten her Kurs auf mich.«*

19:08:28 »DSJ, bitte melden.«

19:08:49 *»Hier DSJ, sieht so aus, als ob das Ding »Katz und Maus« mit mir spielt! Fliegt zwei- oder dreimal mit unbeschreiblicher Geschwindigkeit über mich hinweg.*

19:09:02 »Verstanden, DSJ, Ihre Flughöhe bitte.«

19:09:06 *»Bin 1.350 m hoch, FSU.«*

19:09:11 »Bestätigung erbeten, dass Ihnen eine Identifizierung des Flugzeugtyps nicht möglich ist, DSJ.«

19:09:14 *»Bestätigt, Melbourne.«*

19:09:18 »Danke, DSJ.«

19:09:28 *»Hier DSJ, hören Sie mich, Melbourne? Es ist kein Flugzeug, sondern ...«*

19:09:46 »Melbourne ruft DSJ. Bitte beschreiben Sie, was Sie gesehen haben.«

19:09:52 *»Das Ding überholt mich. Sieht länglich aus ... Mehr ist nicht erkennbar. Es kommt von rechts auf mich zu, Melbourne!«*

19:10:07 »Verstanden, DSJ. Wie groß ist das Objekt?«

19:10:20 *»Hallo, FSU, das Ding scheint auf der Stelle zu schweben. Jetzt kreist es direkt über mir! Ich erkenne ein grünes Licht. Das Ding wirkt metallisch – alles glänzt ... Die Außenseite ...«*

9:10:43 »Hallo, DSJ, melden Sie sich!«

19:10:48 *»Hier DSJ, gerade verschwindet das Ding.«*

19:10:57 »Hallo, DSJ?«

19:11:03 *»Melbourne, bitte melden. Wissen Sie, welcher Flugzeugtyp das war? Eine Militärmaschine?«*

19:11:08 Hallo, DSJ, bestätigen Sie, dass das Flugzeug verschwunden ist.«

19:11:14 *»Wiederholen Sie bitte, habe nicht verstanden, Melbourne.«*

19:11:17 »Verstehen Sie jetzt, DSJ? Ist die Maschine noch in der Nähe?«

19:11:23 *»Hier DSJ. Das Objekt kommt aus südwestlicher Richtung gerade wieder auf mich zu.«*

19:11:37 »Bitte melden, DSJ.«

19:11:52 *»Hallo, Melbourne, hier DSJ. Meine Cessna ist ziemlich langsam. Bitte um Landeerlaubnis in Position 23/24 – gerade jetzt taucht das Ding wieder auf!«*

19:12:04 »Verstanden, DSJ. Was haben Sie vor?«

19:12:09 *»Bin nach King Island unterwegs. Da ... Melbourne ... hallo ... das sonderbare Ding ist wieder über meiner Maschine ... es schwebt ... es ist gar kein Flugzeug ...«*

19:12:22 »DSJ, bitte melden!«
19:12:28 »FSU ruft DSJ!«
19:12:49 »Melbourne ruft DSJ ...«

Nun hörte die Kontrollturm-Besatzung von Melbourne ein metallisches Kratzen. Danach herrschte Funkstille.

Vom »Australian Federal Transport Department« wurde umgehend eine Suchaktion nach der Cessna eingeleitet, die sich über eine Woche ausdehnte. Doch die Nachforschungen blieben erfolglos, obwohl über ein Dutzend Flugzeuge teilnahmen, darunter auch ein Marine-Aufklärer der Klasse Orion. Das systematisch durchgekämmte Gebiet von etwa 2.000 Quadratkilometern wies weder Ölspuren noch Wrackteile der vermissten Cessna auf. Ganz zu schweigen von ihrem Piloten, auf dessen Schicksal es nicht die geringsten Hinweise gab. Der Zwischenfall ist bis zum heutigen Tag ungeklärt geblieben.

Es stellte sich lediglich heraus, dass kurz vor dem Verschwinden der Cessna zahlreiche Bürger von Melbourne am Himmel ein sonderbares Flugobjekt beobachtet hatten. So zum Beispiel Colin Morgan, ein 59-jähriger Bankier mit seiner Frau, die das Objekt als hell glänzend und mit einem grünen Licht versehen beschrieben. Einem Sprecher der Königlich Australischen Luftwaffe zufolge sollen dort zwischen dem 18. und 22. Oktober 1978 elf Meldungen über die Sichtung unbekannter Flugobjekte eingegangen sein.

Als Pendant zu dem Valentich-Zwischenfall soll eine Sichtung angeführt werden, die sich in der Volksrepublik China abgespielt hat.

1. LOCATION OF OCCURRENCE

		Height a.m.s.l.	Date	Time (Local)	Zone
Not known		-	21.10.78	Not known	EST

2. THE AIRCRAFT

Make and Model	Registration	Certificate of Airworthiness	
Cessna 182L	VH-DSJ	Valid from 14 February 1968	
Certificate of Registration issued to	Operator	Degree of damage to aircraft	
Cephas Day, 33 Reserve Road, Beaumaris, Victoria	SAS Southern Air Services, Northern Avenue, Moorabbin Airport, Victoria	Not known	
Defects discovered		Other property damaged —	

3. THE FLIGHT

Last or intended departure point	Time of departure	Next point of intended landing	Purpose of flight	Class of operation
Moorabbin	1819 hours	King Island	Travel	Private

4. THE CREW

Name	Status	Age	Class of licence	Hours on type	Total hours	Degree of injury
Frederick VALENTICH	Pilot	20	Private	Not known	150 (Approx.)	Presumed Fatal

5. OTHER PERSONS (All passengers and persons injured on ground)

Name	Status	Degree of injury	Name	Status	Degree of injury

6. RELEVANT EVENTS

The pilot obtained a Class Four instrument rating on 11 May 1978 and he was therefore authorised to operate at night in visual meteorological conditions (VMC). On the afternoon of 21 October 1978 he attended the Moorabbin Briefing Office, obtained a meteorological briefing and, at 1723 hours, submitted a flight plan for a night VMC flight from Moorabbin to King Island and return. The cruising altitude nominated in the flight plan was below 5000 feet, with estimated time intervals of 41 minutes to Cape Otway and 28 minutes from Cape Otway to King Island. The total fuel endurance was shown as 300 minutes. The pilot made no arrangements for aerodrome lighting to be illuminated for his arrival at King Island. He advised the briefing officer and the operator's representative that he was uplifting friends at King Island and took four life jackets in the aircraft with him.

The aircraft was refuelled to capacity at 1810 hours and departed Moorabbin at 1819 hours. After departure the pilot established two-way radio communications with Melbourne Flight Service Unit (FSU).

The pilot reported Cape Otway at 1900 hours and the next transmission received from the aircraft was at 1906:14 hours. The following communications between the aircraft and Melbourne FSU were recorded from this time: (Note: The word/words in brackets are open to other interpretations.)

TIME	FROM	TEXT
1906:14	VH-DSJ	MELBOURNE this is DELTA SIERRA JULIET is there any known traffic below five thousand
:23	FSU	DELTA SIERRA JULIET no known traffic
:26	VH-DSJ	DELTA SIERRA JULIET I am seems (to) be a large aircraft below five thousand

Der amtliche Untersuchungsbericht des australischen Verkehrsministeriums zum Verschwinden von Frederick Valentich.

Am 23. Oktober 1978 beteiligten sich chinesische Luft-waffenpiloten in der nordwestlichen Provinz Gansu an einer Freilichtfilmvorführung. Gegen 21 Uhr fiel ih-nen am Himmel ein großes, leuchtendes Objekt auf, dass in etwa 7.000 Metern Höhe einige Minuten über dem Stützpunkt schwebte. Nach Beschreibung der Piloten war es ein strahlendes, längliches Objekt.

25 Jahre früher, in der Nacht vom 23. November 1953, ereignete sich in den Vereinigten Staaten ein Zwi-schenfall, der verblüffende Parallelen zur Valentich-Ge-schichte aufweist.

An diesem Tag war ein F-89-Düsenjäger von der Luft-waffenbasis Kinross in Michigan zur Verfolgung eines UFOs über dem Oberer See aufgestiegen. Die Besat-zung bestand aus dem Piloten Leutnant Felix Moncia und dem Radarbeobachter Leutnant R. Wilson. Der von der Bodenstation aus dirigierte Moncia verfolgte das unbekannte Flugobjekt mit einer Geschwindigkeit von 800 Stundenkilometern. Kurz nach dem Start des Düsenjägers glaubte ein GCI-Beobachter (Ground Control Intercept) nicht richtig zu sehen, denn: Die Radarsignale des Düsenjägers und des UFOs ver-schmolzen auf dem Radarschirm zu einem Punkt. Nach dem dieser verschwunden war – das UFO hatte sich blitzschnell entfernt –, forderte der Radarbeobachter per Funk umgehend Hilfe an. Es musste mit einer Kolli-sion gerechnet werden, bei der sich die Besatzung nur mit Hilfe des Schleudersitzes retten konnte.

Amerikanische und kanadische Suchkommandos suchten das Gebiet in aller Gründlichkeit nach der vermissten Maschine ab. Bei Tagesanbruch wurden auf dem Michigan See darüber hinaus auch noch Suchboote eingesetzt. Doch alle Anstrengungen blieben erfolglos. Es gab keine Hinweise auf einen Absturz, weder Wrackteile noch Ölspuren legten Zeugnis von der ehemaligen Existenz des Düsenjägers ab.

In seiner Rede vor der UN-Vollversammlung wies der Premierminister von Grenada auf den legitimen Anspruch aller Länder hin, geheimes Datenmaterial in der UFO-Forschung ausgehändigt zu bekommen.

Die »UFO«-UN-Konferenz vom 14.7.1987 unter Vorsitz von Generalsekretär Kurt Waldheim (Kopfende). Die Teilnehmer im Uhrzeigersinn (links): der Astronaut Gordon Cooper, Jacques Vallee, Claude Poher, Allen Hynek sowie Grenadas Premier Eric Gairy; (rechts): Morton Gleisner, Lee Spiegel, Len Stringfield und David Saunders.

Gleichzeitig spielte er auf die Verschleierungstaktiken amerikanischer Geheimdienste auf diesem Gebiet an. Wie sich längst herausgestellt hatte, wimmelte es in den UFO-Forschungsprojekten der U.S. Air Force seit 1947 von Widersprüchen und Geheimniskrämerei.

Da die Befürchtung bestand, es könne sich bei UFOs um neuartige feindliche Geheimwaffen handeln, wurde der technische Geheimdienst des U.S. Air-Material Command (AMC) mit der Auswertung von UFO-Berichten beauftragt. Kein Geringerer als Nathan F. Twining, der kommandierende Generalleutnant des AMC, wandte sich daher am 23. September 1947 mit seinem streng geheimen Bericht an den Brigadegeneral im Pentagon, Georg Schulgen, u. a. hieß es darin: »Das Phänomen, von dem berichtet wird, ist real und keine Einbildung oder Fiktion [...] Einige dieser Objekte werden entweder manuell, automatisch oder ferngesteuert bedient. Nach allgemein gültiger Beschreibung sind sie entweder rund oder elliptisch, an der Unterseite abgeflacht und oben mit einer Kuppel versehen [...]«.

Twining reagierte umgehend mit der Anordnung einer sorgfältigen Untersuchung: Das U.S.-Air-Force-Projekt »Sign« wurde ins Leben gerufen. Mitte 1948 wurde dann die Hypothese, UFOs könnten Geheimwaffen der Sowjets sein, durch Projekt »Sign« verworfen.

Um so peinlicher war die Tatsache, dass sich UFOs immer wieder als physikalisch messbare Flugkörper darstellten. Bis sich bei den Mitarbeitern von Projekt »Sign«

die Überzeugung durchsetzte, dass UFOs eigentlich nur außerirdische Raumschiffe sein könnten, die, aus welchen Gründen auch immer, die Erde beobachteten. Ein auf dieser Annahme beruhender, streng geheimer Situationsbewertungsbericht unter F-TR-2274-1A (1A = top secret) ging dem damaligen Generalstabschef Hoyt Vandenberg zu, der ihn kurzerhand »in Rauch aufgehen« ließ – bis auf eine vergessene Kopie (für die Nachwelt!). »Sign« hatte keine Daseinsberechtigung mehr, wurde von Projekt »Grudge« (Groll) abgelöst. Endziel von »Grudge« war es, das leidige UFO-Problem aus der Welt zu schaffen. Für Journalisten, die sich dem Zwang beugten und alles, was mit UFOs zusammenhing, verteufelten, waren »die sieben fetten Jahre« angebrochen.

Im Gegensatz zu Projekt »Sign«, das die Hypothese der außerirdischen Herkunft von UFOs unterstützt hatte, stand »Grudge« auf dem Standpunkt, UFO-Zwischenfälle bagatellisieren zu müssen.

Die Eingänge von UFO-Berichten hatten bei »Grudge« zwar im Vergleich zu »Sign« um 23 Prozent zugenommen, letztlich ein Vorteil für »Grudge«, da sich damit die »Grudge«-Rubrik »Fälle für den Psychiater« um diesen Prozentsatz erhöhte.

Wurde der »Sign«-Report auf höchster Ebene tatsächlich ignoriert, oder ging man insgeheim etwa doch vom außerirdischen Ursprung dieser unidentifizierbaren Flugobjekte aus? Welche Erklärung gäbe es sonst für die bevorzugte Behandlung der UFO-Forschung in zukünftigen Projekten? Zudem ist der Verdacht nicht auszuschließen, dass Projekt »Grudge« und seine Folgeorganisationen ihren Zweck lediglich in der Durchführung von Täuschungsmanövern sahen. So war auch die U.S. Air Force darauf aus, der Öffentlichkeit dieses Phänomen unter allen Umständen als Nonsens »unterzujubeln«. Projekt »Blue Book« unter Leitung des US-Geheimdienstoffiziers Edward J. Ruppelt löste Projekt »Grudge« ab. Er war der erste U.S.-Air-Force-Offizier, der UFOs in aller Öffentlichkeit als ernstzunehmendes Problem bezeichnete. In der kurzen Zeit, die er für »Blue Book« arbeitete, setzte er neue Untersuchungsmethoden ein und bediente sich ausgebildeter Spitzenkräfte, wie zum Beispiel Prof. Allen Hynek. Doch die Regieführung blieb der CIA (Central Intelligence Agency) überlassen; wie aus einem Geheimdokument der Agentur vom 11. September 1952 ersichtlich ist:

Streng geheim

Memorandum an: Director of Central Intelligence durch Deputy Director (Intelligence)
Thema: Flying saucers (fliegende Untertassen)

[...]

2. Dieses Problem betreffende Fakten
(3) Nach noch festzusetzenden nationalen

Richtlinien sollte die Öffentlichkeit über das Phänomen unterrichtet werden, um das Risiko einer Panik zu mindern.

[...]

Aufgaben des Geheimdienstes
(3) Es wurde ein weltweites System der Berichterstattung eingerichtet und den wichtigsten U.S.-Air-Force-Basen befohlen, unbekannte Flugobjekte abzufangen.

[...]

5. Empfehlungen
Auf der Basis dieser Forschungsprogramme entwickelt und empfiehlt die CIA, zur Information der Öffentlichkeit die Richtlinien von »National Security Council« zu übernehmen, um das Risiko einer Panik zu verringern.

Marshall Chadwell, Assistant Director Scientific Intelligence. OSI/PG strong: bxl (11. September 1952)

Da sich Ruppelts Schlussfolgerungen mit denen von Projekt »Sign« deckten, er aber gegen seine Überzeugung gezwungen wurde, UFO-Berichte in der Öffentlichkeit zu »verteufeln« beziehungsweise lächerlich zu machen, zog er seine Konsequenzen daraus und gab seinen Posten als Projektleiter von »Blue Book« im August 1953 auf.

In seinem 1956 herausgegebenen Buch »The Report on Unidentified Flying Objects« nahm er drei Jahre später, also 1956, schließlich ausführlich zu diesem aufreizenden Thema Stellung. So schreibt er im ersten Kapitel: »Projekt Blue Book and the UFO-Story«:

> »Im Sommer 1952 schoss ein Düsenjäger der U.S. Air Force auf eine fliegende Untertasse. Dieser Vorfall – wie so viele andere, aus denen die UFO-Story besteht – wurde nie berichtet. Mir ist die volle Wahrheit über die Geschichte der fliegenden Untertassen bekannt, und ich weiß, dass vorher nie darüber berichtet worden ist. Denn ich habe Projekt ›Blue Book‹ organisiert und war der Chef. Dieses Spezialprojekt wurde eingerichtet, um Berichte über unidentifizierte Flugobjekte bzw. UFOs zu untersuchen und zu analysieren [...]«

Ruppelt, der 1960 verstarb, hat in seinem Buch eindeutig nachgewiesen, dass UFOs ein reales, handfestes Phänomen darstellen.

Mit dem Robertson-Ausschuss, der 1953 durch die CIA einberufen wurde, vollzog sich in der Geschichte der UFOs die Wende. Die Mitglieder dieses so genannten »Robertson Panel« waren von der CIA ausgewählte,

»handverlesene« Skeptiker, die vom 14. bis zum 18. Juni 1953 unter ihrem Leiter, dem Waffensystemspezialisten der CIA und Physiker am »California Institute of Technology« Dr. H. P. Robertson, im Pentagon tagten. Nach Sichtung des vorliegenden Materials durch den

Die Eroberung des Weltraums:
Das Titelblatt der Zeitschrift *Collier's* aus dem Jahr 1952.

Ausschuss kam dieser »mit freundlicher Hilfestellung« der CIA zum Ergebnis, dass die UFO-Hysterie aller Wahrscheinlichkeit nach von einer feindlichen Macht inszeniert worden sei, um sie als Deckmäntelchen für eigene finstere Zwecke, wenn nicht gar für einen Überfall, nutzen zu können. Auf Veranlassung der CIA mussten UFOs in der Robertson-Studie abgeleugnet werden, weil die Nachrichtenkanäle und damit die nationale Sicherheit angeblich durch die ständige Verbreitung von Sichtungsberichten behindert beziehungsweise gefährdet werde. Es wurde sogar befürchtet, dass sich die Sowjets einer derartigen Situation im Kriegsfall bedienen oder sie auch manipulieren könnten.

Nach einem von der CIA festgelegten Programm sollte das UFO-Problem in einem Maß bagatellisiert werden, dass die Öffentlichkeit das Interesse daran verlor. Geplant war, vom Fernsehen bis hin zum kleinsten Karikaturisten, alle Medien einzuspannen, um UFO-Sichtungen ins Lächerliche zu ziehen und damit bedeutungslos zu machen. Später äußerte Major Dewey Fournet von ATIC (Air Technical Intelligence Center – Lufttechnischer Nachrichtendienst) und Überwacher des Projekts »Blue Book«: »Wir alle wurden zum Narren gehalten. Die CIA beabsichtigte niemals, der Öffentlichkeit ›reinen Wein einzuschenken‹. Sie hat Beweismaterial unterschlagen. Das Ganze war eine unter ihrer Regie stehende Farce, in der die Wissenschaftler nach ihrer Pfeife tanzen mussten. Mir war natürlich bewusst, dass die CIA-Agenten nur Befehlsempfänger waren, trotzdem ist mir manchmal der Kragen geplatzt.«

1997 veröffentlichte Gerald Haines vom National Reconnaissance Office der CIA eine Studie über die Obstruktionsstrategie der CIA (im Internet abrufbar). Danach begründete der US-Geheimdienst seine Verschleierungstaktik zum einen mit angeblichen Geheimdienstberichten, denen zufolge »deutsche Ingenieure für die Sowjets eine fliegende Untertasse entwickelt haben sollen. Zudem verunsicherten CIA-Mitarbeiter die Szene mit der Warnung, »die Sowjets könnten unter dem Deckmantel gezielter UFO-Sichtmeldungen einen Atomangriff auf die USA planen«.

»Noch in den achziger Jahren glaubten UFOmanen in der CIA, der sowjetische Geheimdienst KGB könne ufogläubigen Amerikanern Informationen über geheime US-Waffenentwicklungen, wie etwa den Tarnkappenbomber B-2 entlocken«, so der *Spiegel* in seiner Ausgabe 33/1997.

Allerdings gelang es Haines nicht, die UFO-Legenden der CIA vollständig offenzulegen. Es war zwar eine amtlich angeordnete Durchsuchung der UFO-Archive in der CIA-Zentrale verfügt worden, bei der 355 relevante Dokumente beschlagnahmt wurden, aber die Geheimdienstagenten verweigerten die Herausgabe von 57 Dokumenten mit der Begründung, dass eine Veröffentlichung die nationale Sicherheit gefährde. Dem Einspruch wurde stattgegeben.

»Die meisten Forscher stimmen überein, dass die führenden Regierungen Informationen über UFOs zurückhalten, und ich werde das mit Sicherheit nicht bestreiten«, äußerte der Wissenschaftsjournalist Bill Rose zu diesem Thema. »Was aber verheimlichen die Autoritäten tatsächlich? Benutzen sie UFOs etwa als Langzeit-Deckmantel, um Schwarzetat-Luftfahrtprogramme zu tarnen?

Sind Projekt »Blue Book« und seine Vorläufer ein abgekartetes Spiel – dazu bestimmt, die U. S. Air Force vor der Öffentlichkeit aus Vorgängen herauszuhalten, die sich im tiefschwarzen Militär-Forschungsgebäude abspielen?«

Vor etwa zwei Jahren enthüllte die CIA, dass es sich bei den meisten der ungeklärten UFO-Vorfälle tatsächlich um geheime Spionageflüge der Großmächte gehandelt habe. Das hat zwar etwas für sich, erklärt aber nicht die stattliche Anzahl von UFO-Berichten seit 1947, also neun Jahre vor Erscheinen der ersten, in großer Höhe operierenden U-2-Spionageflugzeuge. In die meisten der in niederer Höhe operierenden, »guten« Vorkriegs-UFO-Sichtungen waren Scheiben, fliegende Zigarren oder rochenförmige Maschinen verwickelt. Daraus lässt sich schließen, dass eine völlig neuartige Generation geheimer Luftfahrzeuge auftauchte, die kaum etwas mit der U-2 oder dem späteren Mach-3-Blackbird gemeinsam hatte.

Aber warum sollte die Existenz von Experimental-Rundflugzeugen geheim gehalten werden? Es lässt sich nur vermuten, dass das Pentagon die allgemeine öffentliche Annahme, Außerirdische seien unter uns, durch derartige »Enten« gezielt gefördert hat, um so Wahrheiten aller Art zu verschleiern. Träfe dies zu, hätten wir es mit dem größten Täuschungsmanöver aller Zeiten zu tun.

Viele UFOlogen werden fragen, warum die USA weiterhin Billionen Dollar für neue Luftfahrtprogramme ausgibt, wenn sie tatsächlich seit den frühen Nachkriegsjahren über Super-Hightech-Flugmaschinen verfügt?

Kurz und schmerzlos lässt sich darauf nur erwidern: weil man um die Aufrechterhaltung des Status quo bemüht ist. Denn mit Einführung einer plötzlichen »Bocksprung-Technologie« muss mit Millionen Arbeitslosen gerechnet werden.

Außerdem trifft zu, dass die Preisgabe einer neuen militärischen Waffe jeden potentiellen Widersacher mit entsprechenden Mitteln auf den Plan ruft, um diese zu kopieren oder Gegenmaßnahmen zu ergreifen.

Mit Blick auf die Geschichte hat sich wiederholt gezeigt, dass sich die Einführung einer neuen Waffe in jeden möglichen Konflikt als entscheidend erweisen kann. Dies war mit Sicherheit in einer Reihe waffentechnischer Erfindungen der Fall, die vom Langbogen bis zur Atombombe reicht.

Das Pentagon hat sich stets an die bewährte Politik gehalten, seine »heißesten Projekte« in der Hinterhand zu halten, um für eine eventuelle Krise entsprechend gewappnet zu sein. Das trifft beispielsweise auf den F-117A-Stealth-Judicator sowie andere streng geheime

Projekte zu. Sie waren und sind für die Öffentlichkeit bis zu dem Tag tabu, an dem sie eingesetzt werden müssen.

Auch wird, wenn in vollständiger Geheimhaltung operiert wird und dabei ein Milliarden-Dollar-Projekt den Bach hinuntergeht, niemand öffentlich zur Rechenschaft gezogen. Es gibt keine lästigen Überprüfungsbehörden, die nur Zeit vergeuden, keine Genehmigungsverfahren durch Ausschüsse und keine Programmgenehmigungen. Testflüge lassen sich durch Desinformation um so leichter vertuschen.

Es ist offensichtlich, dass die »Blue Book«-Mitarbeiter unter der Fuchtel der CIA standen. Als die Agentur erkannte, dass die UFOs keine Bedrohung bedeuteten, dieses Phänomen vielmehr einer genauen wissenschaftlichen Analyse bedurfte, kam es einige Male zu Versuchen, die CIA-UFO-Akten an wissenschaftlich arbeitende Gremien, wie zum Beispiel die NASA, »loszuwerden«. Erfolglos. Denn die eigenen diskriminierenden Methoden erwiesen sich als Bumerang. Keine wissenschaftliche Institution, der an ihrem guten Ruf gelegen war, wollte auch nur in einem Atemzug mit UFOs in Verbindung gebracht werden. Also blieb das UFO-Phänomen »Blue Book« als solches erhalten.

Eine 1965 einsetzende neue UFO-Welle veranlasste die U.S. Air Force einen Vorschlag von Prof. J. Allen Hynek zu akzeptieren, in anderen Worten, einen weiteren Ausschuss zum Studium des UFO-Problems ins Leben zu rufen. Die erste Tagung dieses Ausschusses fand im Februar 1966 unter der Leitung von Dr. Brian O'Brien statt.

Aber auch dieses Komitee konnte keine Beweise für die Gefährlichkeit unbekannter Flugobjekte erbringen. Neben Empfehlungen und Vorschlägen, wie das Problem zu handhaben sei, erging gleichzeitig an »Blue Book« die energische Aufforderung, Kongressmitgliedern und wichtigen Personen des öffentlichen Lebens die vorhandenen UFO-Akten zugänglich zu machen und damit jeden Vertuschungsversuch auszuschließen.

Während seiner Regierungsperiode gelang es dem amerikanischen Präsidenten Gerald Ford, dass einer Anhörung vor dem Kongress innerhalb von zwei Monaten stattgegeben wurde. Hier wurde die U.S. Air Force offiziell aufgefordert, den Vorschlägen des O'Brien-Komitees nachzukommen:

1) Jährlich hundert UFO-Berichte von renommierten Universitäten untersuchen zu lassen.
2) Für jeden einzelnen Fall eine zehntägige Arbeitszeit aufzuwenden.
3) Jeder Untersuchungsgruppe einen Psychiater, einen Psychologen und einen Astronomen zur Seite zu stellen.

Bis auf die Herausgabe der UFO-Akten wurden alle Kongressvorschläge befolgt.

Und damit kommen wir zu einem der beschämendsten Kapitel in der Geschichte der UFO-Untersuchungen – zum Projekt »Scientific Study of Unidentified Flying Objects« (wissenschaftliche Studie über unidentifizierte Flugobjekte), ein Projekt der Universität Colorado im Auftrag von »Aerospace Research« (Luftraumforschung). Leiter dieses zweijährigen Projekts war der inzwischen verstorbene Physiker Dr. Edward Condon, der sowohl durch seine Arbeitsweise als auch den Einsatz der für das Projekt vorgesehenen 500.000 Dollar zu herber Kritik Anlass gab. Darüber hinaus scheuten sich weder Condon noch sein Projektkoordinator und Administrator die Öffentlichkeit nicht darüber im Zweifel zu lassen, dass sie an UFOs nicht glaubten.

Damit war das Urteil des Condon-Reports bereits vor Untersuchungsbeginn gefällt. Die Hauptgründe des 1.000-seitigen oberflächlichen und dilettantischen Machwerks aus Intrigen, Widersprüchen und Vorurteilen kamen allerdings nur durch Zufall ans Licht – wenn es Zufälle gibt! Ein Skandal, der dem Ruf der wissenschaftlichen Welt keine Lorbeeren einbrachte.

Dr. Saunders und Dr. Levine, zwei von Condon persönlich anempfohlene Wissenschaftler, schickte er nach kurzer Zeit wegen angeblicher Inkompetenz »in die Wüste«. Dagegen behaupten böse Zungen, die beiden tüchtigen Wissenschaftler seien von Condon lediglich wegen ihrer unbestechlich objektiven und positiven Erkenntnis über die Existenz von UFOs abgeschoben worden. So waren von Saunders Tausende konkreter UFO-Berichte zur Untersuchung vorbereitet worden! Doch vom »Condon«-Projekt waren davon nur 91 bearbeitet worden. Allein 30 von den 91 Fällen mussten in der Rubrik »echte, nicht identifizierbare Flugobjekte« registriert werden. Auch die so genannte »McMinnville-Sichtung« in Oregon fällt mit ihrem offiziellen Untersuchungsergebnis in diese Rubrik:

Als die Frau des Farmers Paul Trend um 19:30 Uhr am Abend des 11. Mai 1950 im Garten ihre Kaninchen fütterte, fiel ihr am Himmel ein UFO auf. Blitzschnell rannte sie ins Haus, um den Fotoapparat zu holen, gleichzeitig rief sie nach ihrem Mann. Paul Trend gelang es, zwei Aufnahmen zu machen: eine, als sich das Objekt in nordwestlicher Richtung fortbewegte, die zweite, als es seitlich abkippte und im Westen verschwand.

Der »Condon-Report« beurteilte die Sichtung folgendermaßen: »Hier geht es um eine UFO-Beobachtung, wo alle Fakten geometrisch, physikalisch und psychologisch die Behauptung unterstützten, ein außergewöhnliches fliegendes Objekt – silbrig, metallisch, scheibenförmig, über zehn Meter im Durchmesser und offensichtlich nicht natürlicher Herkunft – sei in Sichtweite zweier Zeugen geflogen.«

Der im krassen Widerspruch zur Sichtungsbeurteilung stehende Schlussbericht des »Condon-Reports« lautet dagegen: »Es gibt keine Beweise zur Rechtfertigung der Annahme, dass außerirdische Besucher in die Erdatmosphäre eingedrungen sind – und nicht genügend Beweise, die weitere Untersuchungen auf diesem Gebiet verantworten würden.« Auch wenn eindeutige Beweise für die Existenz außerirdischer Besucher fehlen, kann die Realität unbekannter Flugobjekte nicht in Abrede gestellt werden.

Erwähnenswert ist die Tatsache, dass parallel zum »Condon«-Projekt von der amerikanischen Geheimdienstorganisation NSA (National Security Agency) ein Geheimbericht angefertigt wurde, in dem sich diese Organisation folgendermaßen festlegt:

Alle UFOs sind Schwindel.

In den Monaten Juni, Juli und August 1953 wurden von der U.S. Air Force 35 Sichtungen von Flugobjekten unbekannter Herkunft gemeldet.

Falls sich herausstellen sollte, dass bei diesen UFOs wider alle Erwartungen und Hinweise Schwindel im Spiel ist – ständig zunehmender Schwindel von globalem Ausmaß –, dann hätte es den Anschein, als würde alles auf eine wachsende Verwirrung des menschlichen Geistes von erschreckenden Dimensionen hinauslaufen. Eine derartige geistige Verwirrung wäre mit schwerwiegenden Folgen für Nationen verbunden, die »nukleares Spielzeug« in Besitz haben, und würde gründliche Untersuchungen durch Wissenschaftler erfordern.

Alle UFOs sind nur Halluzinationen.

Zweifellos können Menschen Sinnestäuschungen erliegen. Es kommt allerdings nur selten vor, dass ganze Menschengruppen derselben Halluzination verfallen, obgleich es nicht ausgeschlossen werden kann. Einer Reihe von Beispielen zufolge wurde »dasselbe Ding« zur gleichen Zeit von Menschengruppen und auf einem oder mehreren Radarschirmen beobachtet. Das vorliegende Beweismaterial widerlegt die Behauptung, dass es sich bei allen UFOs um Halluzinationen handelt.

Alle UFOs sind Naturphänomene.

Entspräche diese Hypothese der Wahrheit, müsste die Leistungsfähigkeit aller Frühwarnsysteme zur Feststellung einer Angriffssituation neu überdacht werden.

Einige UFOs sind irdische Geheimprojekte.

Ein Wiedereintrittsflugobjekt der U.S. Air Force (zum Beispiel Raketenstufe; Anm. d. Autors) sowie das schon oft veröffentlichte kanadische »Untertassen-Projekt« sollten diese Möglichkeit ernsthaft in Betracht ziehen. Zweifellos müssen alle UFO-Berichte sorgfältig überprüft werden, um eine solche Möglichkeit ausschließen zu können. Sonst bestünde für eine Nation die Gefahr, durch eine neue geheime »Weltuntergangswaffe« in Schach gehalten zu werden.

Einige UFOs müssen mit außerirdischer Intelligenz in Zusammenhang gebracht werden.

Nach Ansicht einiger renommierter Wissenschaftler muss diese Hypothese ins Kalkül gezogen werden. Sie schließt ein gerüttelt Maß umfassender Schlussfolgerungen für das Überleben der Menschheit ein:

● Die Menschheitsgeschichte zeigt immer wieder die tragischen Folgen einer Konfrontation zwischen einer technisch überlegenen Zivilisation und einer technisch unterlegenen an. Gewöhnlich bleibt die überlegene Zivilisation »Sieger«.

● Beim Aufeinanderprall von Menschen unterschiedlichen kulturellen Niveaus erleiden die Angehörigen der schwächeren oder unterlegenen Kultur zumeist einen Identitätsverlust. Im Allgemeinen werden sie von den anderen absorbiert.

Kommentar

Zur Abwendung der Bedrohung und zur genauen Bestimmung ihres Charakters muss eine akribische Untersuchung als Notmaßnahme angewendet werden. Alles sollte auf die in kürzester Zeit durchzuführende Entwicklung ausreichender Verteidigungmaßnahmen ausgerichtet sein. Im Hinblick auf UFOs erscheint es zweckmäßig, die Einstellung zum Überleben nicht aus den Augen zu verlieren.

Dieser Geheimdienstbericht zeigt unmissverständlich, dass eine außerirdische Herkunft der UFOs nicht ausgeschlossen wird. Der »Condon-Report« geht von gegensätzlichen Schlussfolgerungen aus: Unwissenschaftlich und voreingenommen wird die Möglichkeit außerirdischer Intelligenz in UFOs wegargumentiert.

Die NSA ist vermutlich der verschwiegendste der 13 Nachrichtendienste der Vereinigten Staaten. Diese 1952 gegründete Agentur ist einmal für die Sicherheit der öffentlichen und geheimen Telefonverbindungen in der US-Regierung zuständig. Das heißt, die Telefonverbindungen werden gegen Ausbeutung durch Abhören überwacht sowie gegen den Zugriff von Unbefugten oder technisch geheimdienstliche Bedrohungen ähnlicher Art. Eine weitere interessante Aufgabe hängt mit dem Sammeln von geheimdienstlichen Signalen zusammen (»Signals intelligence« = SIGNIT).

SIGNIT betrachtet sich selbst als »effektive, vereinigte Organisation und Kontrollstelle aller Aktivitäten zur Sammlung und Bearbeitung fremder Signale in den Vereinigten Staaten«. Damit dieser weitreichende Auftrag erledigt werden kann, arbeitet die NSA mit einem umfangreichen Netz elektronischer Lauschanlagen – im Himmel, auf der Erde und unter dem Meeresspiegel –, um alles, von privaten Telefongesprächen bis hin zu verschlüsselten Signalen anderer Mächte, abzuhören.

Zudem darf nicht vergessen werden, dass die NSA weltweit als einer der größten Arbeitgeber für Sprachspezialisten, Mathematiker und Dechiffrierexperten gilt.

Im Hauptquartier der National Security Agency in Fort Meade, Maryland, sind etwa 50.000 Mitarbeiter damit beschäftigt, die Sicherheit beziehungsweise den Schutz ein- und ausgehenden Datenverkehrs in und aus der NSA zu gewährleisten.

Nach öffentlichem Druck entschlossen sich die USA Ende 1996, einen großen Teil ihres Materials aus 156 UFO-Dokumentationen freizugeben – wenn auch viele Stellen zensiert, das heißt geschwärzt waren.

Abschnitte der so genannten COMINT-Dokumente sind zwar unleserlich, aber in den meisten Fällen geht es ohnehin nicht um außerirdische Flugobjekte, sondern um spezielle Aufklärungs-(Spionage-)ballons und um abgehörte Nachrichten der sowjetischen Luftverteidigung.

Nach Ansicht der NSA behandeln diese Berichte keinesfalls UFOs, sondern höchstwahrscheinlich Ballons.

Außerdem ist bekannt, dass die Sowjets an ihren Ballons Radarreflektoren befestigten, die sie in der Nähe ihrer Höhenradarstationen insgeheim aufsteigen ließen, um deren Funktionen und die der Radarbesatzungen zu überprüfen. Die Mehrzahl der von der NSA freigegebenen COMINT-Abhörberichte stehen mit dem Flug solcher Ballons im Zusammenhang. Allerdings bleibt ein kleiner Rest nicht identifizierbarer Flugobjekte ohne zufriedenstellende Erklärung.

Das Problem beziehungsweise die Verwirrung der NSA-Berichte liegt allerdings in der Tatsache, dass die NSA auch »Ballon-Sichtungen« unter »UFO«-Sichtungen laufen ließ.

So lautet beispielsweise ein typischer Bericht:

> [zensiert] unbekanntes Flugobjekt (UFO): (A) 0028-0325, vier UFOs (wahscheinlich Ballons) bewegten sich langsam von SO von [zensiert] nach SW und vorbei an [zensiert]. (B) 0325-0515, ein UFO (wahrscheinlich ein Ballon) bewegte sich langsam von [zensiert] nach Westen, vorbei an [zensiert] und verschwand [...](D) 1355-1630, 19 UFOs (wahrscheinlich Ballons) bewegten sich von [zensiert] und [zensiert] nach Westen und verschwanden [zensiert] und [zensiert], Höhe 69.000 bis 79.000 Fuß. [zensiert]

UFO-Anhänger werden auf jeden Fall davon ausgehen, dass die NSA brisante Informationen über Besucher aus anderen Welten nach wie vor zurückhält.

Operation »Blaue Fliege«

ZWEIFELLOS HANDELT ES SICH bei einem Großteil der UFO-Sichtungen oder -Berichte um Fehlinterpretationen. Als beispielsweise am 24. Juni 1947 im Gebiet des Mount Rainier im US-Staat Washington der damals 32-jährige Geschäftsmann Kenneth Arnold um 14:57 Uhr aus seiner zweimotorigen Propellermaschine eine Formation von neun hellen ungewöhnlichen Objekten beobachtete, verging kaum eine Woche bis zur Veröffentlichung einer Reihe banalster Erklärungen für seine Sichtung von »fliegenden Untertassen«. So wurde unter anderem behauptet, er habe die Widerspiegelung seiner eigenen Instrumente im Cockpitfenster mit UFOs verwechselt oder in Wahrheit den leuchtenden Abgasstrahl von Düsenjägern gesehen und dergleichen mehr.

Was verkörpern UFOs also? Außerirdische Raumschiffe? Geheime Militärprojekte? Oder missinterpretierte natürliche Phänomene?

Wo ist der Beweis dafür, dass UFOs außerirdische Flugobjekte sind? Das ganze Phänomen beruht in der

Hauptsache auf Augenzeugenberichten, die durch andere bestätigt werden und mit Radarbeobachtungen in Übereinstimmung stehen. Es existieren Schnappschüsse, Filmaufnahmen und Videobänder. Es sind Spurenbeweise in Form physikalischer Nachwirkungen vorhanden, und gelegentlich taucht da eine Substanz oder ein Stückchen Material auf, die/das angeblich direkt von einem UFO stammt. Was nach 50 Jahre andauernden Sichtungen, Untersuchungen, Analysen und Debatten immer noch fehlt, sind wissenschaftlich haltbare Beweise, die den Besuch außerirdischer Raumschiffe auf der Erde eindeutig beweisen.

»Nach zahllosen UFO-Sichtungen und Entführungsberichten konnte bisher niemand einen Gegenstand vorweisen, der zweifelsfrei außerirdischer Herkunft ist. Und bisher konnte auch noch niemand eine UFO-Fotografie präsentieren, die einwandfrei von jedermann als echt akzeptiert wurde. Und uns hat auch bisher noch niemand Informationen übermittelt, deren Ursprung auf weit fortgeschrittene Wesen zurückzuführen wäre«, stellt der amerikanische Psychologe Professor Albert A. Harrison von der Universität Kalifornien fest.

In seinem Buch »After Contact« schreibt Harrison über die Vertuschungs- beziehungsweise Verschwörungstheorie Folgendes:

»Unterdrückt die US-Regierung Beweismaterial darüber, dass Präsident John F. Kennedy nicht durch einen Einzelgänger – einen Psychopathen – umgebracht wurde, der auf eigene Faust arbeitete, sondern durch ein Team von Meuchelmördern, die unter Kontrolle eines übermächtigen Verbrechersyndikats oder einer fremden Macht standen?

Stimmt es tatsächlich, dass die US-Regierungsstellen sich weigern zuzugeben, dass amerikanische Soldaten, Seeleute und Flieger, die im Kampf in Vietnam und Korea als vermisst geführt werden, heute immer noch – 20 bis 40 Jahre später – in Gefangenschaft leben? Unterdrücken Regierungsstellen die Tatsache, dass 1947 ein außerirdisches Raumschiff bei Roswell, New Mexico, abstürzte, dass außerirdische Leichen in der Wright-Patterson-Air-Force-Basis oder irgendwo sonst verwahrt wurden? Könnte es etwa zutreffen, dass das »SETI«-Projekt (Suche nach Botschaften von außerirdischen Intelligenzen) ein von der US-Regierung angezetteltes Täuschungsmanöver ist, um die Öffentlichkeit von der Tatsache abzulenken, dass schon längst – seit über 50 Jahren – Verhandlungen mit Außerirdischen aufgenommen wurden?

[...] Verschwörungs- beziehungsweise Vertuschungstheorien verkaufen sich in Magazinen und Büchern recht gut. Sie füttern und verstärken unser Misstrauen gegenüber Regierungsstellen, geben uns aber letztendlich die Hoffnung, nicht allein im Universum zu sein, und festigen unseren Glauben, dass UFOs real sind. Ermittler, die den Versuch unternehmen, Verschwörungen in diesem Zusammenhang aufzudecken, setzen sich demselben Problem aus wie diejenigen, die UFO-Vorfälle untersuchen: viel versprechende Spuren, die sich in Luft auflösen, verzweigte Wege, die ins Nichts führen.«

Harrisons Kommentar änderte allerdings nichts an der Tatsache, dass Geheimdienste, Regierungsstellen und andere Organisationen, aus welchen Gründen auch immer, Täuschungsmanöver anwenden, um die Öffentlichkeit über ihre wahren Intentionen fehlzuleiten. Das trifft insbesondere auf merkwürdige Himmelsereignisse zu.

Ein solch rätselhafter Zwischenfall spielte sich am 11. November 1979 in Palma de Mallorca ab:

An diesem Tag war die Super-Caravelle der spanischen Fluggesellschaft TAE pünktlich zu ihrem Flug von Salzburg nach Teneriffa gestartet. Außer der dreiköpfigen Crew waren 109 Fluggäste an Bord. Nach der Zwischenlandung auf Mallorca fielen der Flugbesatzung auf dem Radarschirm an Bord einige erschreckend schnell näher kommende Signale auf. Die Anfrage von Flugkapitän Tejada, ob auf seiner Flugroute Maschinen gemeldet seien, wurde vom Kontrollturm in Valencia mit negativem Bescheid beantwortet. Trotzdem beobachteten Tejada und sein Co-Pilot kurze Zeit später »rötliche Lichter«, die zu ihrem Schrecken geradewegs auf die Caravelle zusteuerten. Sie näherten sich mit einer Geschwindigkeit, von der die Piloten eines normalen Flugzeugs nur träumen konnten. Gegen alle Erwartungen der Caravelle-Crew, die schicksalsergeben mit der Kollision rechnete, stoppten die unbekannten Flugobjekte, wie »auf Knopfdruck« knapp vor der Verkehrsmaschine. Dann trieben sie für etwa zehn Minuten ein zynisches Katz-und-Maus-Spiel mit ihr, um erneut und noch präziser auf Kollisionskurs zu gehen. Völlig entnervt riskierte Kapitän Tejada in 9.700 Metern Höhe einen Sturzflug und fing die Caravelle in 550 Metern Höhe wieder ab. Anschließend suchte er im Kontrollturm von Los Manises bei Valencia um Landeerlaubnis an mit der Begründung, dass die Verkehrsmaschine in eine Verfolgungsjagd verwickelt worden sei und eine Kollision im Bereich der Möglichkeiten liege.

Nach Tejadas Notruf nahm die Flugsicherung von Valencia umgehend Verbindung mit der benachbarten Luftwaffenbasis auf. Nur wenige Minuten später waren 20 Abfangjäger gestartet und jagten den UFOs nach, konnten sich aber nicht um »einen Zoll« nähern, weil sie von den UFOs konstant auf gleichem Abstand gehalten wurden.

Nach der Landung der Verkehrsmaschine bestätigten der Flugleiter des Kontrollturms und auch die auf der Piste beschäftigten Arbeiter und Angestellten, die Begegnung des Flugzeugs mit den unbekannten Flugobjekten beobachtet zu haben. Alle hatten ein rotleuchtendes Objekt in etwa 300 Metern Höhe über dem Kontrollturm schweben sehen, ein zweites über der Piste entdeckt und ein drittes beobachtet, das sich über der nahe gelegenen Militär-Flugbasis aufhielt. Ein viertes stand hoch über Valencia. Aber nicht nur über ein Dutzend Augenzeugen hatte die UFOs gesehen, sondern auch die Radaranlagen der zivilen Luftüberwachung und des spanischen Luftwaffenstützpunktes hatten sie geortet.

Der damalige spanische Transportminister Salvator Sanchez Teran nahm den Luftzwischenfall so ernst, dass er in Valencia umgehend eine Untersuchungskommission einberief.

Es gingen zwar Gerüchte um, dass einige der Düsenjägerpiloten die unbekannten Flugobjekte fotografiert haben sollen, aber Einzelheiten gelangten nicht an die Öffentlichkeit. Ganz zu schweigen von den offiziellen Untersuchungsergebnissen, die bis heute unter Verschluss gehalten werden.

Quer durch das englische Suffolk erstreckt sich östlich von Ipswich in Richtung des Küstengebiets vom Orford Ness der Rendlesham-Wald. Neben einem Gebäudekomplex steht dort auch ein auffälliger Leuchtturm. 1980 kursierten Gerüchte, dass die NSA (National Security Agency) das Waldgebiet für besondere Operationen genutzt haben soll. Zudem wurde von dort stattfindenden, streng geheimen Versuchen gemunkelt, wenn auch der Gebäudekomplex offiziell als Forschungsstätte für spezielle Radaranlagen gekennzeichnet wurde.

Am 27. Dezember 1980 soll sich dort in den frühen Morgenstunden eine unglaubliche Begebenheit ereignet haben, die aber nur von wenigen Zeugen wahrgenommen wurde. Über dem Waldgebiet zwischen

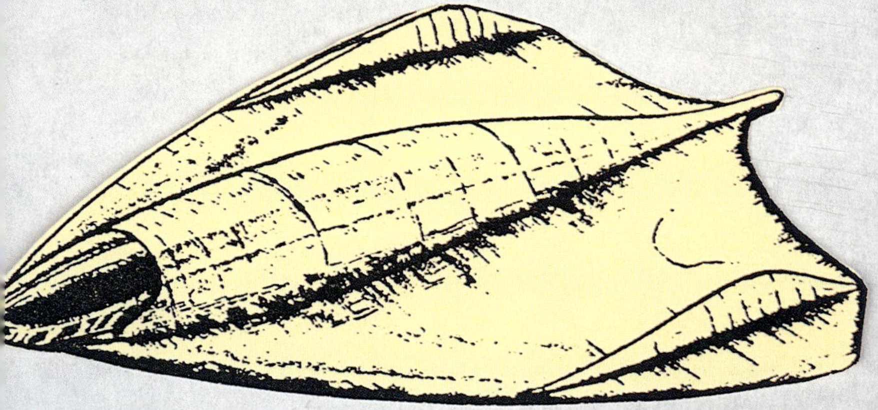

Eine Zeichnung des berühmten »Roswell«-UFOs aus dem Jahr 1947 –
außerirdisches Flugobjekt oder militärisches Geheimprojekt?

Der Autor nahe des Raketenversuchsgeländes in White Sands, New Mexico.
Hier fanden in den fünfziger Jahren zahlreiche V2-Raketenstarts statt.

Die »Area 51« ist das mit 16.000 Quadratkilometern größte militärische Testgelände der Welt.

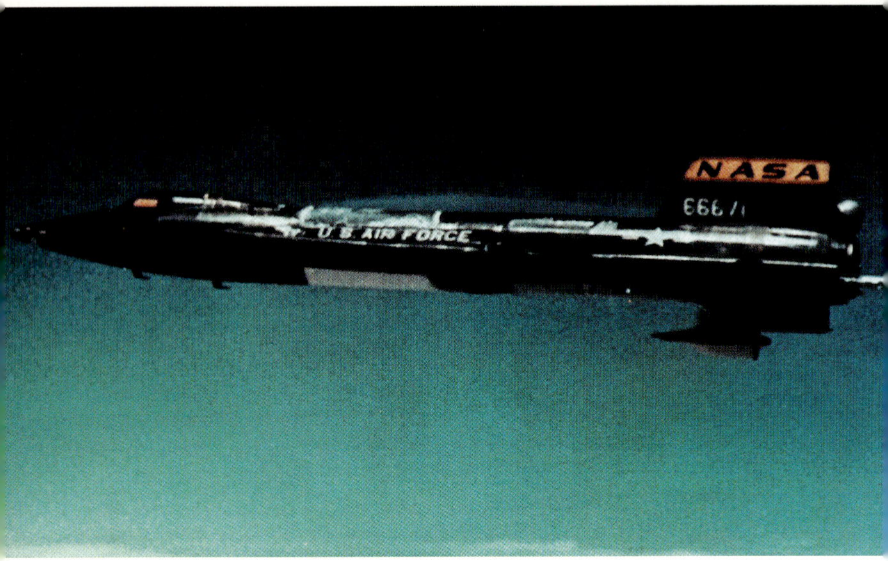

Die North American X-15 (Erstflug Ende der fünfziger Jahre) war ein bemanntes Experimentalflugzeug zur Untersuchung der Reibungshitze, Stabilitätskontrolle und Flugsteuerung von Raumfahrzeugen beim Wiedereintritt in die Erdatmosphäre.

Links: Die »Black Mantas« wurden Ende der achtziger Jahre gesichtet. Hierbei handelte es sich wahrscheinlich um Aufklärungsflugzeuge mit extrem niedrigem Radarquerschnitt, äußerst leisem Triebwerk und weiterentwickelter Stealth-Farbgebung.

Unten: UFOs über Belgien: Das berühmte Dia des Flugobjekts, wie es nach der Sichtung über Petit-Rechain Anfang April 1990 von einem Augenzeugen aufgenommen wurde. Krümmungsradien und Leuchtspuren sind gut zu erkennen.

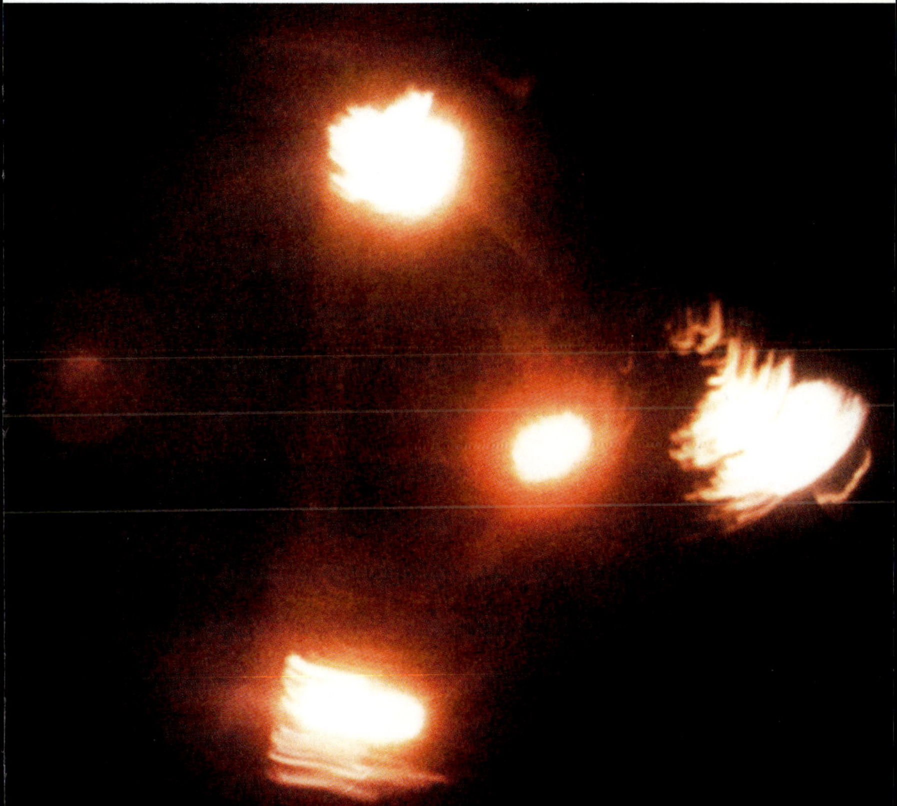

Ein von der NASA 1994 veröffentlichtes Modell eines Hyperschall-Designs, das als Raumflugzeug geeignet wäre (single-stage-to-orbit-Konzept). Es handelt sich um eine Mischung aus Auftriebskörper und Tragflächenkonstruktion.

Eine X-33-Designstudie der NASA aus dem Jahr 1998. Mit diesem Raumtransporter von Lockheed Martin, auch »Venture Star« genannt, wäre die Lücke zwischen Luftfahrt und Raumfahrt geschlossen, da dieser wie ein Flugzeug starten und landen können soll.

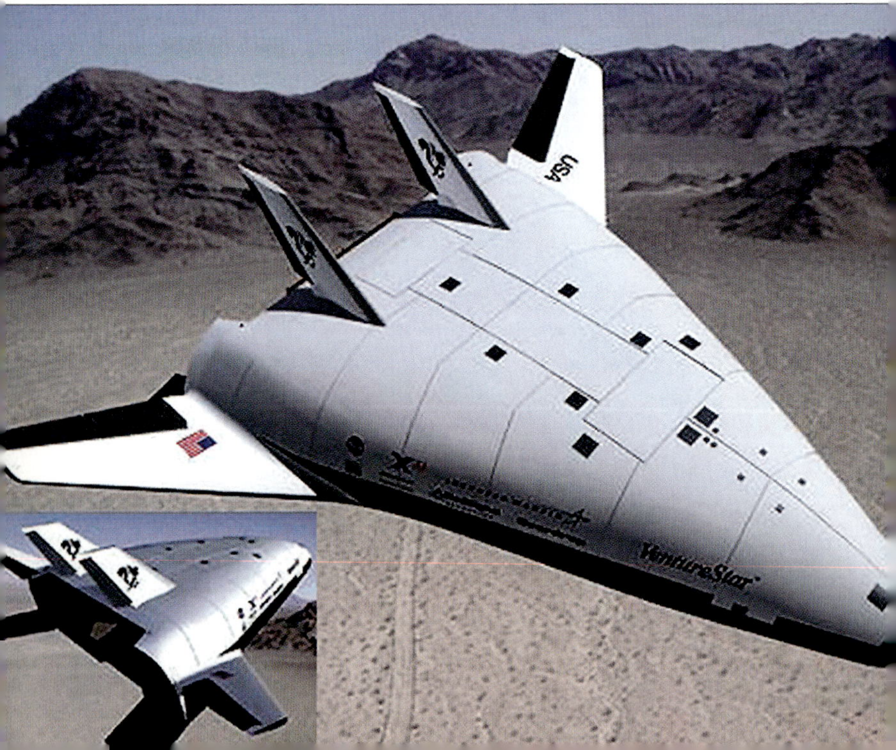

Von der NASA 1997 veröffentlichte Designstudien für das geplante
Hyper-X-Forschungsflugzeug

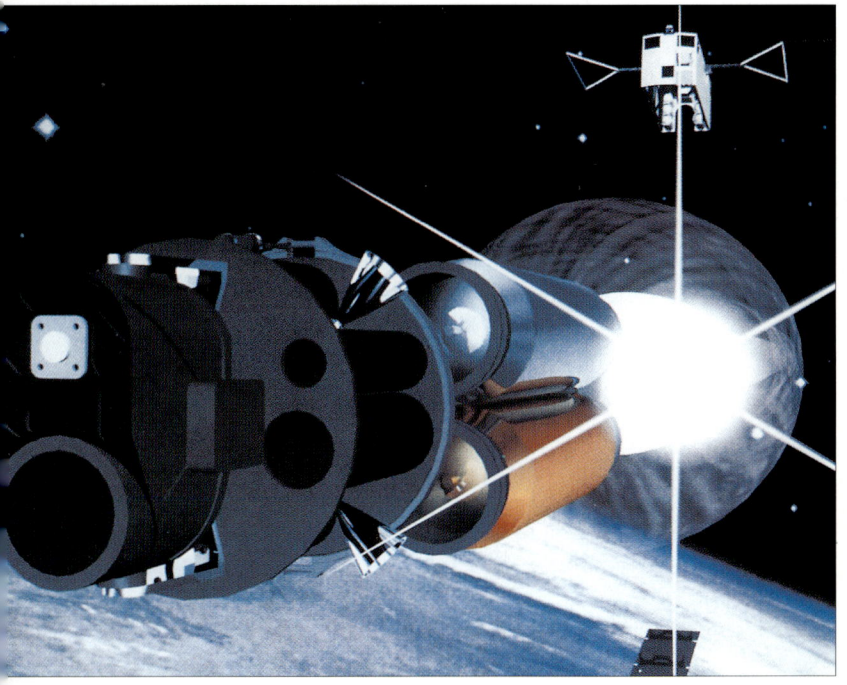

Die SDI-Waffe »Brilliant Pebbles«, ein elektromagnetisches High-Tech-»Schrotgewehr«,
das unzählige, winzige »Splitter« mit 17.000 Kilometern pro Sekunde ins All abfeuert
(oben und links).

Diese und nächste Seite:
Die eindrucksvollen
3D-»Aurora«-Studien
des Briten Adrian Mann.
Manns sämtliche Com-
putergrafiken basieren
auf Augenzeugenberich-
ten und der Auswer-
tung von offiziellem
Material.

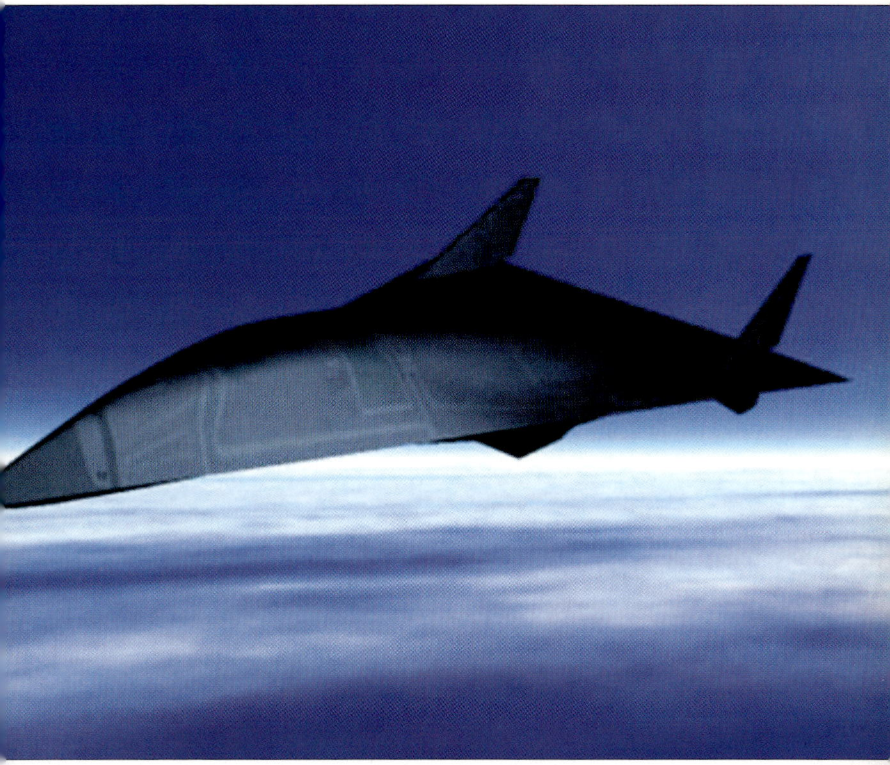

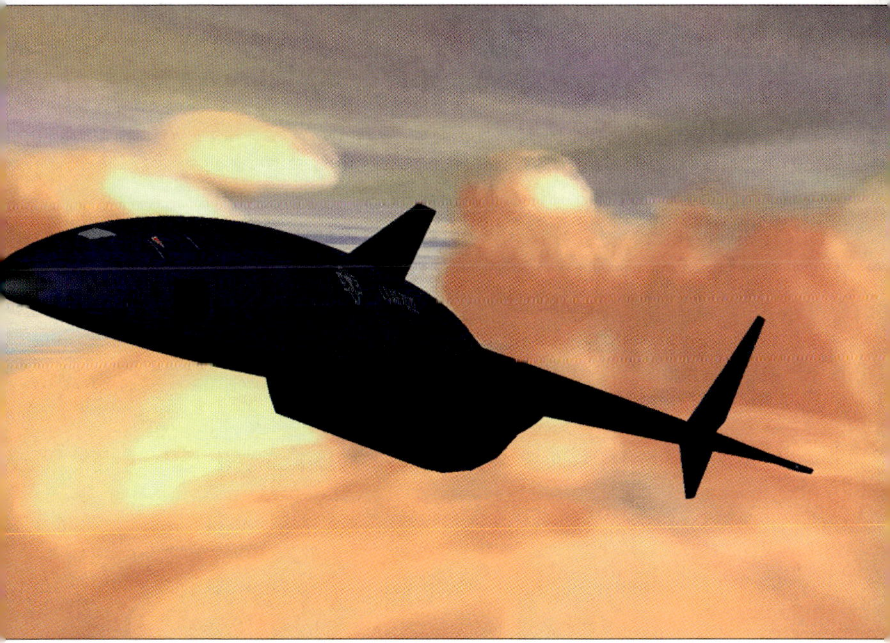

Das Projekt »Phoenix« begann die Suche nach Radiosignalen im Februar 1995 mit dem Parkes-Radioteleskop in New South Wales, Australien. Dieses Teleskop ist das größte in der südlichen Hemisphäre.

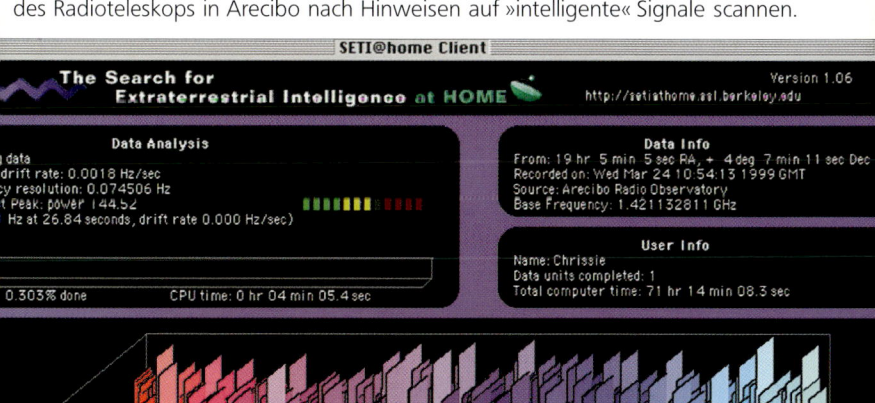

In zwei Jahren wird das Arecibo-Radioteleskop in Puerto Rico im Rahmen des »Seti«-Projekts drei Mal den sichtbaren Teil des Himmels gescannt und die erhaltenen Daten analysiert haben.

Mit dem Programm »SETI@Home« kann jeder Computerbesitzer Datenpakete des Radioteleskops in Arecibo nach Hinweisen auf »intelligente« Signale scannen.

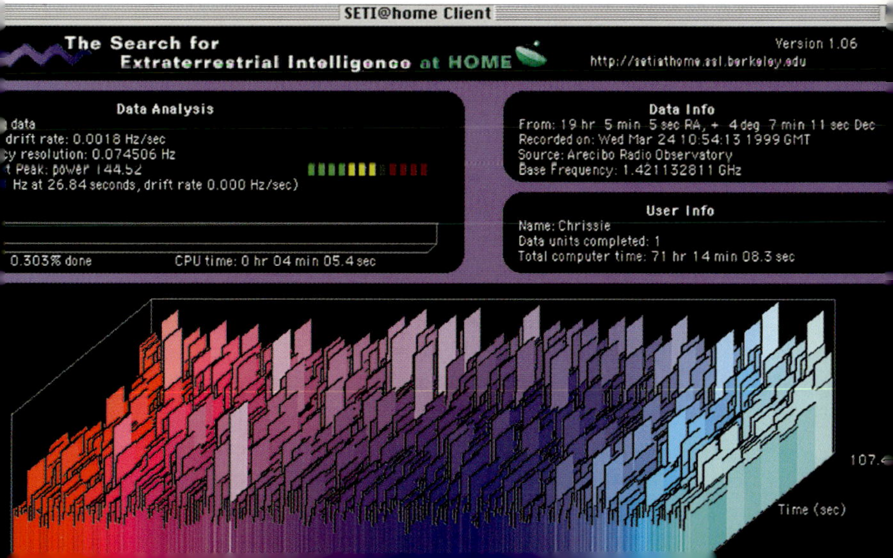

SETI@home Client

The Search for
Extraterrestrial Intelligence at HOME

Version 1.06
http://setiathome.ssl.berkeley.edu

Data Analysis

data
drift rate: 0.0018 Hz/sec
cy resolution: 0.074506 Hz
t Peak: power 144.52
Hz at 26.84 seconds, drift rate 0.000 Hz/sec)

0.303% done   CPU time: 0 hr 04 min 05.4 sec

Data Info

From: 19 hr 5 min 5 sec RA, + 4 deg 7 min 11 sec Dec
Recorded on: Wed Mar 24 10:54:13 1999 GMT
Source: Arecibo Radio Observatory
Base Frequency: 1.421132811 GHz

User Info

Name: Chrissie
Data units completed: 1
Total computer time: 71 hr 14 min 08.3 sec

107.

Time (sec)

Allein in unserem Sternensystem, der Milchstraße, bewegen sich rund 200 Milliarden Sterne in spiralförmigen Bahnen.

Der Orion-Nebel ist die der Erde
am nächsten gelegene Sternen-
entstehungsregion. Das Bild vom
Hubble-Weltraumteleskop zeigt
kleine Gebiete, die scheinbar kurz
davor stehen, zu einem Stern zu
kollabieren und vielleicht Planetensysteme zu bilden.

Orford und Woodbridge zog ein seltsames, leuchtendes Objekt in Schlangenlinien dahin, um nur wenige Augenblicke später zu landen.

Allem Anschein nach näherte es sich dem NATO-Doppelstützpunkt Woodbridge/Benntwaters, der im Wald versteckt lag. Dieses Gebiet wurde häufig von geräuschvollen A-10-Jets und Chinok-Hubschraubern heimgesucht, aber das lautlos im Wald verschwindende, leuchtende Objekt wies keinerlei Ähnlichkeit mit den herkömmlichen Flugobjekten auf.

Die Stützpunkte der RAF (Royal Air Force) Woodbridge und Bentwaters waren ausschließlich U.S.-Air-Force-Angehörigen vorbehalten. Und auf dem Höhepunkt des Kalten Kriegs standen beide Stützpunkte unter strengster Bewachung.

So wurde in jener Nacht das Osttor des RAF-Stützpunktes Woodbridge von den U.S.-Air-Force-Sicherheitsbeamten John Burroughs und Budd Parker bewacht. Beide Männer verfolgten das außergewöhnliche Schauspiel, als das Objekt sank und im Wald verschwand. Die erste Vermutung war ein Flugzeugabsturz. Doch dann nahmen sie wahr, dass das fremde Objekt offenbar kontrolliert gelandet sein musste, da weder ein Aufprall noch eine Explosion erfolgt waren. Zu sehen gab es nur eine pulsierende Masse farbiger Lichter, die nach Aussage eines Zeugen an eine Christbaumbeleuchtung erinnerte.

Burroughs rannte zum Telefon, um die Basis in Kenntnis zu setzen. Es war 2 Uhr morgens – also nicht der Zeitpunkt, an dem mit der Ankunft einer Maschine gerechnet wurde. Sergeant Jim Penniston, dem ein Notfall gemeldet worden war, traf innerhalb weniger Minuten mit seinem Jeep am Ort des Geschehens ein, Herman Kavanasac steuerte das Militärfahrzeug.

Als die beiden Luftwaffenangehörigen an Ort und Stelle angelangt waren, konnten sie sich von dem Ereignis mit eigenen Augen überzeugen: Zwischen den Bäumen schimmerten seltsame farbige Lichter. Ein faszinierender Anblick. Penniston, der das Kommando übernommen hatte, bemühte sich, Burroughs und Parker klarzumachen, dass bei einem Flugzeugabsturz die havarierte Maschine in Flammen aufgegangen sein musste. Doch soweit die Beurteilung der Situation durch die beiden Männer überhaupt möglich war, handelte es sich hier um eine Landung und nicht um einen Absturz des fraglichen Objekts.

Schließlich blieb Budd Parker als Wache hinter dem Osttor zurück, während Penniston, Burroughs und Kavanasac tiefer ins Gehölz vorstießen. Hier brach plötzlich der Funkkontakt ab.

Sergeant Penniston, der immer noch glaubte, es mit einem abgestürzten Flugzeug zu tun zu haben, näherte sich mit den Männern schließlich einer Lichtung. Plötzlich standen sie vor dem Objekt. Penniston erinnerte sich später, dass es konisch geformt war, in etwa der Größe eines Kleinwagens entsprach und auf Lichtstrahlen etwa 30 Zentimeter über dem Boden schwebte. Nach der Behauptung anderer Augenzeugen soll es auf einem Dreifuß gestanden und von einer Dunsthülle umgeben gewesen sein. Seitlich hätten sich schwarze Markierungen befunden.

Penniston brauchte eine Weile, um seine Fassung wieder zu erlangen und sich daran zu erinnern, dass er als kommandierender Feldwebel die Angelegenheit ordnungsgemäß zu untersuchen hatte. Also versuchte er, sich dem Objekt zu nähern. Vergebens, es war, als würde er gegen eine unsichtbare Wand ankämpfen, wie er später behauptete.

Dann soll das Objekt unvermutet emporgestiegen sein. Im selben Augenblick sollen die Tiere des Waldes außer Rand und Band geraten sein, wie später berichtet wurde. Vögel flatterten aufgeregt davon, und das Wild suchte in Panik Deckung.

Dass sich in der Nacht zum 26. Dezember 1980 im Wald von Rendlesham etwas Außergewöhnliches zugetragen hat, steht außer Zweifel. So soll es sich – beispielsweise dem Astronomen Jan Ridpath zufolge – um einen Meteoriten gehandelt haben, der am südostenglischen Nachthimmel um 2:50 Uhr zu sehen gewesen war. Nachdem das Air-Force-Wachpersonal durch diesen Anblick in den Wald vorgedrungen sei, hätten sie, nach Ridpaths Behauptung, den Lichtstrahl des etwa sechseinhalb Kilometer entfernten Leuchtturms von Orford Ness mit einem UFO verwechselt. »Es ist eine peinliche Angelegenheit für die UFOlogie, dass dieser Fall immer noch ernst genommen wird«, mokierte sich der Skeptiker Ridpath.

Charles Halt, der stellvertretende Basiskommandant, lehnte diese Theorie rundweg ab. »Ein Leuchtturm bewegt sich nicht, explodiert nicht, verändert seine Form nicht und sendet auch keine farbigen Lichtstrahlen vom Himmel herunter.« Der damalige junge U.S.-Air-Force-Sicherheitsoffizier Larry Warren war auf der Luftwaffenbasis Bentwaters stationiert. Als Augenzeuge äußerte er sich zu dem Vorfall folgendermaßen: »Ich wurde zusammen mit anderem Militärpersonal in den Wald abkommandiert. Es wurden gigantische Beleuchtungsanlagen herbeigeschafft, die allerdings aufgrund eines technischen Defekts nicht funktionierten.

Gegenüber dem Leuchtturm von Orford war ein schwaches rotes Licht über einem Dunstfeld am Boden zu erkennen. Es verwandelte sich in ein in Pyramidenform ansteigendes dreieckiges Objekt von rund zehn Metern Durchmesser und etwa sechseinhalb Metern Höhe. Es handelte sich um eine solide Konstruktion mit einer rauhen Oberfläche. Manche der Anwesenden liefen weg, andere, wie ich, standen perplex und bewegungslos da. Ich weiß nicht, ob der Schock dafür verantwortlich war oder ein äußerer Einfluss.«

Jim Penniston und John Burroughs versicherten jedenfalls glaubhaft, nie zuvor in ihrem Leben mit einem ähnlichen Objekt konfrontiert gewesen zu sein. Der einstige Flieger Burroughs fasste dabei sehr konkret zusammen: »Ich weiß nicht, ob es sich um eine Art Maschine gehandelt hat, die von einer Intelligenz gesteuert worden ist, oder um ein fantastisches natürliches Phänomen – vielleicht eine seltsame Art von Energie. Eines weiß ich jedoch sicher: dass es nicht von dieser Welt gewesen sein konnte. Denn um das Wunder vor unseren Augen angemessen beschreiben zu können, fehlen die Worte.«

Es existiert ein Tonband, auf dem Halt seine Beobachtungen an der Landestelle festgehalten hat. So beschreibt er unter anderem, dass ein »großes Licht wie ein Auge« gesichtet wurde, das »nur 1,20 Meter über dem Boden schwebt«. Das Band endet mit den Worten: »Es kommt auf uns zu. Shit! Jetzt sehen wir, wie ein Strahl auf den Boden scheint. Da kann nicht wahr sein!«

Die auflagenstärkste britische Sonntagszeitung trat erst am 2. Oktober 1983 mit folgender Titelblatt-Schlagzeile an die Öffentlichkeit : »UFO ist in Suffolk gelandet. In Geheimbericht meldet Oberst Tatsachen.«

»UFO landet in England, eine Tatsache, die nun offiziell bestätigt wird ...« berichtet *News of the World* über einen Vorfall, der sich in der englischen Grafschaft Suffolk, nahe der RAF-Basis Woodbridge, im »Tangham-Wood« abgespielt hatte.

»Eingehende Recherchen haben ergeben, dass dort am 27. Dezember 1980 um drei Uhr nachts anscheinend ein unbekanntes Flugobjekt gelandet sein muss. Zum Zeitpunkt des Geschehens befanden sich auf dem an der südlichen Ostküste Englands gelegenen NATO-Stützpunkt Bentwaters bei Woodbridge – wo auch die 81. US-Luftwaffenstaffel stationiert ist – etwa 200 Militärangehörige und einige Zivilpersonen.«

Der nachfolgende offizielle Bericht stammt vom stellvertretenden Standortkommandanten, Oberstleutnant Charles Halt:

Department of the Air Force
3 July 1981
Objekt: Unerklärliche Lichter RAF/CC

Am frühen Morgen des 27. Dezember 1980 gegen 3 Uhr beobachteten zwei USAF-Patrouilleposten der Sicherheitspolizei außerhalb der RAF-Basis Woodbridge ungewöhnliche Lichter. In der Annahme, dass ein Flugzeug abgestürzt oder notgelandet sei, holten sie die Erlaubnis ein, außerhalb des hinteren Tors Nachforschungen durchführen zu dürfen. Der Flugleiter vom Dienst erlaubte den drei Wachposten, sich zu Fuß dorthin zu begeben. Die Männer berichteten, im Wald sei ein seltsames, schimmerndes Objekt zu sehen. Der Beschreibung der Wachposten nach handelte es sich um ein dreieckiges metallisches Objekt, das an der Basis etwa zwei bis drei Meter breit und zwei Meter hoch zu sein schien. Es strahlte weißes Licht aus, das den ganzen Wald erleuchtete. Oben befand sich ein pulsierendes rotes Licht, und an der Unterseite war eine Reihe blauer Lichter zu sehen. Entweder schwebte das Objekt über dem Waldboden oder es stand auf »Beinen«. Als sich die Patrouilleposten näherten, »schlängelte« es sich durch die Bäume und verschwand. Zu diesem Zeitpunkt waren die Tiere auf einer nahegelegenen Farm in wilder Erregung. Nach etwa einer Stunde wurde das Objekt noch einmal für kurze Zeit am rückwärtigen Tor beobachtet.

Am nächsten Tag wurden an der Stelle, wo das Objekt gesehen worden war, im Boden drei runde, viereinhalb Zentimeter tiefe Abdrücke von knapp 18 Zentimetern Durchmesser entdeckt. In der Nacht zum 29. Dezember fand eine Untersuchung des Gebiets zur Ermittlung von Strahlung statt. In den drei Abdrücken und etwa in der Mitte des durch sie geformten Dreiecks ergaben sich Beta-Gamma-Spitzenwerte von 0,1 Milliröntgen. Bei einem in der Nähe stehenden Baum konnten mäßige Strahlungswerte (von 0,5 bis 0,7) an der den Abdrücken zugewandten Seite ermittelt werden.

In fortgeschrittener Nacht wurde ein sich zwischen den Bäumen fortbewegendes, pulsierendes Licht beobachtet. Einmal schien es leuchtende Partikel abzugeben, teilte sich danach in fünf weiße Objekte auf und verschwand. Gleich darauf erschienen am Himmel, etwa zehn Grad über dem Horizont, drei sternartige Gebilde – zwei im Norden und eins im Süden. Die Objekte bewegten sich mit extrem hoher Geschwindigkeit und in scharfwinkligen Bahnen fort, dabei zeigten sie blaue, grüne und rote Lichter. Durch ein Fernglas der Stärke 8 bis 12 gesehen, schien die Form der im Norden befindlichen elliptisch zu sein, bevor sie sich abrundeten und beispielsweise ein scheibenförmiges Aussehen annahmen. Eines der Objekte im Norden hielt sich noch eine Stunde oder länger dort auf. Die im Süden befindlichen Objekte waren noch zwei bis drei Stunden am Himmel zu sehen. Von Zeit zu Zeit sandten sie immer wieder Lichtstrahlen zur Erde. Zahlreiche Beobachter, darunter auch der Unterzeichnete, waren Augenzeugen der in den Abschnitten 2 und 3 beschriebenen Aktivitäten.

(gezeichnet) Charles J. Halt, Lt. Col. USAF Deputy Base Commander

Später auf die Richtigkeit seines Berichts angesprochen, gab Oberstleutnant Halt unmissverständlich zur Antwort, dass er die Authentizität seines Reports niemals widerrufen habe, fügte aber hinzu, dass er als Offizier der Air Force nicht berechtigt sei, sich über den Vorfall weiterhin zu äußern. In einer Reihe von Staaten – insbesondere bei den Großmächten – fallen die von Militärpersonen gemeldeten UFO-Begegnungen, im Interesse der nationalen Sicherheit, immer noch unter strengste Geheimhaltung. Nur hin und wieder durchbrechen Berichte diese Barriere. Dann allerdings seien sie von besonderer Bedeutung, und es handle sich zumeist um Beobachtungen von qualifizierten Militärangehörigen. Auf diese Weise lässt sich UFO-Schwindel mit ziemlicher Sicherheit ausschließen.

Die inoffizielle Verschleierungstaktik in Bezug auf UFO-Berichte wird allerdings nicht in allen Ländern so strengen Vorschriften unterworfen.

Nicht nur durch Gemunkel hinter vorgehaltener Hand, sondern auch aufgrund eines beweiskräftigen Geheimmemorandums des »Department of the Air Force« vom 3. November 1961 ist durchgesickert, dass Projekt »Blue Book« nur als eine Art »Schaufenster« und »Registrierstelle« für relativ nebensächliche UFO-Begegnungen herhalten musste. In Wirklichkeit arbeitete seit 1954 eine streng geheime Spezialeinheit des Luftverteidigungskommandos (AISS) in Fort Belvoir, Virginia, auf ganz anderer Ebene. Ihre Zuständigkeit schloss alle »Feldforschungen« zur Identifizierung von UFOs innerhalb des Hoheitsgebiets der U.S. Air Force ein. Daher war es auch kaum überraschend, dass Brigadegeneral Carroll H. Bolender, Vizedirektor der Air-Force-Abteilung Forschung und Entwicklung, ein Memorandum zur Einstellung von Projekt »Blue Book« erließ.

Die mobilen AISS-Agenten, deren Aufgabenbereich in einem Dokument vom November 1961 festgelegt worden war, hatten nicht nur weitreichende Vollmachten, sondern wurden von Zeit zu Zeit immer wieder mit neuen Codenamen versehen:

1. Unidentifizierbare Flugobjekte (UFOs): Das Geheimprogramm der USAF betrifft die Untersuchung glaubwürdiger Berichte über nicht identifizierbare Flugobjekte innerhalb der USA –

später auch außerhalb. Der Aufgabenbereich der 1. 127. wurde in AFR 200-2 angeordnet.

2. Projekt »Moon Dust«: Das Hauptquartier der U.S. Air Force richtete dieses Projekt zur Lokalisierung, Bergung und Auswertung abgestürzter fremder Weltraumvehikel ein.

3. Operation »Blue Fly« diente dem Zweck, die Express-Bergung und -Beförderung fremder Technologien im Rahmen von Projekt »Moon Dust« für den technischen Nachrichtendienst durchführen zu können. Air Force Continental Intelligence Command (AFCIN=Kontinentales Air-Force-Nachrichtenkommando) erklärte in seinen Standardverfahrensbestimmungen (SOP) vom 12. Februar 1961, dass in die »Blue Fly«-Operationen Wrackteile unbekannter Flugobjekte (UFOs) inbegriffen sind, da sie für das Air-Force-Nachrichtenkommando von größtem technischen Interesse sind.

Die Bedingungen für Mitarbeiter in Projekt »Moon Dust« und Operation »Blue Fly« wurden im Memorandum vom 3. November 1961 ebenfalls genau festgelegt. Danach wurde der Anwärter nur bei einer Qualifikation als Feldkundschafter angestellt. Die Bergung und Felduntersuchungen nicht identifizierbarer Flugobjekte, sowjetischer Raumfahrzeuge, von Waffensystemen oder deren Überresten mussten von einem festen Standort aus schnellstens durchgeführt werden. Zu diesem Zweck erfolgt die Aufstellung hochqualifizierter, dreiköpfiger Einsatztrupps, die sich aus je einem Techniker, Sprachwissenschaftler und Geheimdienstexperten als Gruppenleiter zusammensetzen. Jeder Einzelne sollte über Flugerfahrung verfügen und sich in einem intensiven Arbeitsprogramm mit dem Aufgabenbereich seiner Mitarbeiter vertraut machen, um so eine optimal funktionierende Arbeitsgemeinschaft zu erzielen.

Sergeant Clifford E. Stone, einem ehemaligen Mitarbeiter des New Mexico Military Institute, Section Military Science, gelang es unter größten Schwierigkeiten, Informationen über die Spezialeinheiten des streng geheimen Projekts »Moon Dust« und Operation »Blue Fly« zu beschaffen. Erst als der in Roswell ansässige Stone probierte, zusätzliche Einzelheiten über »Moon Dust« und »Blue Fly« in Erfahrung zu bringen, wurde ihm klar, wie problematisch es war, in dieses Umfeld eindringen zu wollen.

So reagierte Colonel John E. Madison jr. von der Abteilung für Anfragen des Kongresses im U.S Air Force Department darauf mit der lapidaren Antwort: »So etwas gibt es nicht«. Erst als Senator Bingman das von Stone erhaltene Material übergab, ließ sich die Air Force am 14. April 1993 zu einer Stellungnahme herab und gab die Existenz von »Moon Dust« und »Blue Fly« widerwillig zu, behauptete aber im selben Atemzug, dass die Projekte eingestellt worden seien. Es wurde allerdings verschwiegen, dass diese Spezialeinheit inzwischen unter der Bezeichnung »Detachment 4, 969th Air Intelligence Group« (Nachrichtendienstgruppe Luft) weiter existiert.

Bei den Projekten »Moon Dust« und »Blue Fly« geht es um U.S.-Air-Force-Programme zur Bergung, Feldausweitung und Übergabe von Raumfahrzeugen der Ostblockstaaten sowie Objekten unbekannter Herkunft an die FTD (Foreign Technologie Division = Abteilung für fremde Technologien) in Wright Patterson, Dayton, Ohio.

»Vorausgesetzt, die Air Force hätte vor zwei, drei oder vier Dekaden ein Raumschiff aus einem anderen Sonnensystem geborgen, hat es möglicherweise Geheimhaltungsgründe oder Vorschriften gegeben, der Öffentlichkeit solche Informationen vorzuenthalten. So muss es sich, meiner Ansicht nach, verhalten haben. Darüber hinaus bin ich der Überzeugung, dass die US-Regierung ihre Kenntnisse über die Bergung außerirdischer Raumschiffe zu vertuschen sucht. Das dürfte der wahre Grund für die strenge Geheimhaltung von Informationen über Operation ›Blue Fly‹ sein. Vermutlich lässt sich der Schleier des Geheimnisses in dieser Angelegenheit nie lüften. Denn im Interesse der »nationalen Sicherheit« wird Operation ›Blue Fly‹ von der US-Regierung immer noch als streng geheim eingestuft«, stellt Clifford E. Stone in seinem Bericht »Operation ›Blue Fly‹« fest.

Zu diesem heiklen Thema äußerte Victor Marchetti, der ehemalige leitende Assistent des stellvertretenden CIA-Direktors sowie Sonderbeauftragten des leitenden Direktors der CIA, dass UFOs während seiner Zeit bei der »Agentur« (CIA) nicht erwähnt wurden – ein Thema, das unter »sehr heikle Aktivitäten« eingestuft wurde. In »Above top secret« bezieht sich beispielsweise der englische Autor Timothy Good auf eine Äußerung von Marchetti, der zufolge zwar Gerüchte über »kleine graue Männer« kursierten, deren Flugkörper abgestürzt sei und von der »Foreign Technology Division« in der Wright-Patterson-Basis unter Verschluss gehalten wurde. Endgültige Beweise für die Existenz von UFOs seien ihm jedoch nicht bekannt. Marchetti leugnet aber nicht, dass die Bestrebungen der CIA, das Phänomen ins Lächerliche zu ziehen und damit zu entmystifizieren, auf die klassischen Merkmale einer Vertuschung hinweisen.

Darüber hinaus nimmt Marchetti an, dass die von der CIA veröffentlichten Informationen über UFOs mehr aussagen, als die Regierung glaubt. Seit 1947 hat die Agentur weltweit UFO-Berichte überwacht. Nach Marchetti wurden nur wenige Berichte über Geheimoperationen des CIA-Direktoriums im Zusammenhang mit der weltweiten Beschaffung von UFO-Reporten für die Öffentlichkeit freigegeben – trotz des »Freedom of Information Act« (Gesetz zur Informationsfreiheit). Das weise auf Vertuschung hin. Marchettis Überzeugung nach haben außerirdische Wesen tatsächlich Kontakt mit der Erde aufgenommen, sie vielleicht sogar aufgesucht. In Übereinstimmung mit den Regierungen anderer Staaten wurde von den USA aber der Beschluss gefasst, der Öffentlichkeit Informationen darüber vorzuenthalten.

Dieses internationale Verschleierungsmanöver sei notwendig zur Aufrechterhaltung einer funktionsfähigen Stabilität der Nationen und diene gleichzeitig der Beibehaltung institutioneller Kontrolle über die Bevölkerung.

Würden nämlich die Regierungen die Existenz uns weit überlegener außerirdischer Intelligenz überraschend bestätigen, könnte das unvorstellbare Konsequenzen nach sich ziehen: die Grundlagen traditioneller menschlicher Machtstrukturen würden zusammenbrechen. Politische und Rechtssysteme, Religionen, soziale und ökonomische Einrichtungen könnten für die Menschheit schnell ihre Bedeutung verlieren. Das nationale oligarchische[8] Establishment könnte selbst bei Zivilisationen unserer Art in Anarchie umschlagen.

Extreme Schlussfolgerungen wie die hier angeführten müssen nicht unbedingt zutreffen, doch aller Wahrscheinlichkeit nach geben sie die Befürchtungen führender Kreise der Großmächte sehr genau wieder. Ganz besonders jene der Geheimdienste, deren Führungspersonal immer schon die zur Aufrechterhaltung der nationalen Sicherheit notwendige extreme Geheimhaltung befürwortet hat. Soweit Marchetti.

---

8 Oligarchie = Herrschaft einer kleinen Gruppe; ursprünglich die Reichsten im Staat.

Dreiecke am Himmel

ALLIIERTE MILITÄRSTREITKRÄFTE waren sich über die riesigen technischen Fortschritte im Dritten Reich im Klaren. Und zu Beginn der Planung der D-Day-Invasion war es offensichtlich, Gruppen von Geheimdienstspezialisten zur Beschaffung fortschrittlicher Technologien einzusetzen, wissenschaftliche Unterlagen beizubringen und Schlüsselpersonal zu inhaftieren.

Die Amerikaner benutzten den Namen FIAT (Field Intelligence Agency Technical), und die Untersuchungseinheiten der Briten wurden T-Force, A1 2(g) und AD1(k) genannt. Sie waren der so genannten CIOS (Combined Intelligence Organization Services = Vereinigte Geheimorganisationsdienste) unterstellt.

Die Sowjets setzten speziell ausgebildete KGB-Mitglieder ein, um sich technologische Informationen anzueigenen. Leider (oder wie nicht anders zu erwarten) ist wenig über ihre Aktivitäten bekannt geworden.

Für die amerikanischen und britischen Luftfahrtteams waren die Raketen-Entwicklungszentren wie Peenemünde, Luftfahrtversuchsanstalten wie Rechlin (Hitlers »Aera 51«), die wichtigsten Flugzeugfabriken, spezielle Einrichtungen für Militärausrüstungen sowie Gesellschaften für elektronisches Zubehör von vorrangiger Bedeutung.

Was aus den international bekannten deutschen Luftfahrt-Ingenieuren geworden ist, wurde größtenteils in Berichten festgehalten. Es hat sich allerdings als schwierig erwiesen, das Schicksal der Wissenschaftler aufzudecken, die mit dem Bau der fliegenden Scheiben beschäftigt waren.

Die interne Politik der Sonderprojektgruppe von Heinkel ist nicht bekannt geworden, höchstwahrscheinlich hat aber Dr. Richard Miethe die Leitung als Projektdirektor Ende 1944 übernommen.

Aus Informationsbruchstücken geht hervor, dass es Dr. Miethe Anfang Mai 1945 gelang, aus der Tschechoslowakei in Richtung Westen zu fliehen, wo er sich schließlich an den amerikanischen Geheimdienst wendete. Er wurde dort zum ›Chief of Staff‹ des Alliierten-Hauptquartiers überstellt, wo bereits Wernher von Braun sowie rund 115 Wissenschaftler seiner Raketenabteilung vor Angehörigen der T-2 und T-Force Bericht erstatten mussten.

Fünf Monate später befanden sich die meisten Mitarbeiter der von Braunschen Abteilung, dazu eine Reihe »Unbekannter«, wie beispielsweise Miethe, unter dem Projektnamen »Operation Overcast« auf dem Weg nach Fort Bliss in Texas. Anfang 1946 wurde dieses Projekt in »Operation Paperclip« umgetauft. Welchem Aufgabenbereich insbesondere Miethe zugeteilt wurde, ist geheim gehalten worden. Aber zu jener Zeit waren viele leitende deutsche Flugzeugingenieure in Fort Bliss und Wright Field »stationiert«, darunter auch die hochangesehenen Flugzeugkonstrukteure Alexander Lippisch und Rudolph Hermann, der verantwortliche Wissenschaftler für Windtunnel-Versuche in Peenemünde. Behauptungen, dass sich auch die Gebrüder Horten dort aufgehalten hätten, scheinen nicht den Tatsachen zu entsprechen.

Möglicherweise ist Miethe nach Wright Field gebracht worden, obwohl er, inoffiziellen Berichten nach, 1946 zum U.S.-Army-Versuchsgelände White Sands in New Mexico versetzt wurde, wo es um die Auswertung deutscher Raketen ging.

Über den Verbleib von Klaus Habermohl nach dem Krieg gibt es nur äußerst vage, unzuverlässige Informationen. Als Prag am 10. Mai 1945 von den sowjetischen Streitkräften besetzt wurde, versuchte Habermohl allem Anschein nach zu fliehen, geriet aber in der Letov-Fabrik außerhalb der Stadt in Gefangenschaft. Nach kurzem Arrest wurde er mit anderen Ingenieuren, die am Schrieverschen Projekt gearbeitet hatten, zu einem streng geheimen OKB (Optymo Konstrucktorkoe Byuros = Spezial-Entwurfsbüro) irgendwo östlich von Moskau (Podberezye) transportiert.

Was alles den Sowjets in Prag in die Hände fiel, kann nur vermutet werden. Allerdings hieß es in einem Bericht, dass die in Prag gebauten Flugscheiben V7 und V8 bei der »Befreiung der Stadt« nur teilweise beschädigt wurden.

Dieser Version zufolge sollen von deutschen Technikern unterstützte Sowjet-Ingenieure beide Maschinen demontiert, in Eisenbahnwaggons verpackt und in die Sowjetunion transportiert haben, wo sie angeblich vollständig wieder aufgebaut worden sind.

Auch Dr. Belluzo ist Ende des Zweiten Weltkrieges spurlos verschwunden. Er könnte sowohl bei den Amerikanern als auch bei den Russen »engagiert« worden sein.

In ihrer Wernher-von-Braun-Biographie schildern die beiden Raumfahrtspezialisten Ernst Stuhlinger und Frederick I. Ordway nicht nur die faszinierende Lebensgeschichte Wernher von Brauns, sondern vor allem die Entwicklung der Raketentechnik in den Jahren des Zweiten Weltkriegs und danach. So schreiben die Autoren:

Die Alliierten hatten seit geraumer Zeit von dem Peenemünder Raketenprogramm gewusst. Es gab in Peenemünde sogar Gerüchte, dass Ende 1944 Offiziere des amerikanischen Nachrichtendienstes durch neutrale Vermittler in der Schweiz mit Führungskräften in Peenemünde Kontakt aufgenommen haben sollen, um ihnen zu signalisieren, dass die US-Streitkräfte sehr interessiert wären, nach dem Krieg so viele Informationen wie möglich über die in Peenemünde entwickelte Raketentechnologie zu erhalten. Und sie wollten diese Arbeit sogar nach dem Krieg fortgesetzt sehen [...]

Anfang 1945, während die Feindseligkeiten noch in vollem Gang waren, wurde Colonel Holger N. Toftoy, Leiter der Raketenabteilung des Waffenamtes in Washington, von Colonel Gervais W. Trichel ersucht, Pläne auszuarbeiten, um die US-Streitkräfte in den Besitz von Raketen zu bringen und die Raketenspezialisten zu verhören. Später wurde Toftoy Chef des technischen Nachrichtendienstes in Europa (Army Ordnance Technical Intelligence). In dieser Position führte er mit seinem Assistenten, Major James P. Hamill, seinen Auftrag aus.

Als die alliierten Truppen im Frühjahr 1945 ostwärts auf das Reichsgebiet vordrangen, wurde Toftoy von Trichel aufgefordert, die V2-Raketen zu suchen und möglichst hundert von ihnen für die Vereinigten Staaten sicherzustellen. Viele dieser Aufgaben an der Front wurden von Major Robert B. Staver und Major William Bromley ausgeführt [...]

Die Bergung der unbezahlbaren Peenemünder Dokumente, die zu Beginn des Frühjahrs in einer verlassenen Mine in der Nähe der Stadt

Dörnten vergraben worden waren, verlangte ein besonderes Vorgehen. Es gelang Staver mit Hilfe Karl-Otto Fleischers und Eberhard Rees', das Versteck ausfindig zu machen. Einige örtliche Helfer wurden angeworben, um einen Zugangstunnel zur Mine zu graben, deren Eingang zugesprengt worden war. Die Dokumente wurden in Kisten verpackt, auf Armeefahrzeuge verladen und in Richtung Westen in die amerikanische Besatzungszone transportiert – nur wenige Tage vor der Übernahme dieses Gebiets durch die Russen. »Einer der wichtigsten wissenschaftlichen und technischen Schätze in der Geschichte befindet sich jetzt sicher in amerikanischen Händen«, bemerkte einer der amerikanischen Offiziere [...]

In einem von General Eisenhower im Mai 1945 unterzeichneten Telegramm an den Chef von Army Ordnance heißt es auszugsweise: »Über 400 Spitzenforscher und -Entwickler aus Peenemünde in meiner Obhut entwickelten die V2 [...] Das Denken der wissenschaftlichen Leiter dieser Gruppe ist uns um 25 Jahre voraus [...] Empfehle, dass 100 der allerbesten Männer dieser Forschungsorganisation sofort in die USA evakuiert werden [...]«

Und Staver schrieb in einem seiner Berichte unter anderem: »Wenn ein vernünftiges Programm zur Nutzung der deutschen Wissenschaftler entwickelt wird und wenn ein groß angelegtes Forschungs- und Entwicklungsprogramm veranlasst würde, wird in 25 Jahren dieses Land dem Rest der Welt um ungefähr 25 Jahre voraus sein. In den nächsten 100 Jahren wird das Programm, das in Bälde angeregt werden wird, zu einem der aufregendsten wissenschaftlichen Unternehmen der Geschichte führen.«

Der Deckname für eines der ersten Raketenprogramme der »Paperclip-Deutschen« in Fort Bliss bei El Paso hieß ironischerweise »Projekt Fire Ball«. Es ist merkwürdig, dass in diesem Zusammenhang jeder Hinweis auf Flugscheiben, Rudolph Schriever, Richard Miehte und Giuseppe Belluzzo fehlt; obwohl bekannt ist, dass die Amerikaner intensiv an der Entwicklung

Die Peenemünder Montagehalle.

von Flugscheiben gearbeitet haben. Wie schon erwähnt, entkam Miethe in den Westen. Es ist aber kaum vorstellbar, dass irgendeine alliierte T-Force- oder FIAT-Einheit das Prager Flugscheiben-Entwicklungsgelände vor den Sowjets erreicht haben könnte. Jedenfalls gibt es keinen Zweifel, dass der amerikanische Geheimdienst die Bergung der Flugscheiben – oder was immer davon übrig geblieben sein mochte – mit wachsendem Interesse verfolgte; und als die Berichte über diese Aktivitäten Washington erreichten, setzte umgehend eine Kette von Ereignissen ein, die mit der vollen Unterstützung von Präsident Truman rechnen konnte.

Obwohl Miethes Aktivitäten in den USA vom Mantel des Schweigens verhüllt blieben, soll innerhalb von Wochen der Entschluss gefasst worden sein, die Möglichkeit der Konstruktion einer amerikanischen fliegenden Untertasse zu untersuchen.

Von Miethe verwaltet und von einem ungenannten amerikanischen U.S.-Air-Force-General überwacht, wurden diesem Projekt alsbald substantielle schwarze Etat-Mittel zuerkannt, anfangs mit der Aussicht, dass Studien aller Wahrscheinlichkeit nach an Luftfahrtgesellschaften wie Chance-Vought, Douglas, Bell, Northrop oder Lockheed weitergegeben wurden. Im Übrigen ließ Lockheed gleich nach dem Krieg Patente für fliegende Untertassen registrieren.

Die genaue Niederlassung für die US-Untertassen-Forschung und -Entwicklung ließ sich nicht korrekt identifizieren, aber jeder Anhaltspunkt deutete auf einen entlegenen Sektor des White-Sands-Raketentestgeländes in New Mexico hin oder auf die angrenzende Alamorgodo Air Force Base – jetzt Holloman AFB. Eine weitere Möglichkeit wäre Muroc Dry Lake gewesen – jetzt Edwards AFB –, das in der Vergangenheit mit fliegenden Untertassen in Verbindung gebracht wurde.

Am 7. Juli 1947 flog eine für den fotografischen Aufklärungsdienst der U.S. Army umgebaute P-38 in 30.000 Fuß Höhe in Richtung des Flugstützpunktes Bozeman in Montana. Am nördlichsten Ende des Yellowstone-Nationalparks war der Himmel absolut wolkenlos. Abgesehen von einer unwichtigen Störung des Öldrucksystems der Motoren, verlief der Flug routinemäßig.

Plötzlich ließ sich der an Bord befindliche Fotograf mit den Worten vernehmen: »Sieh mal, sie kommen! Sie haben uns beinah eingeholt.« »Was? Wer kommt?«, fragte der Pilot leicht irritiert. Was in aller Welt hätte den einsamen Flug bedrohen können? Der Krieg war vorbei. Und das schon für eine ganze Weile! »Wer also kommt?«, fragte der Pilot noch einmal. »Na, die Dinger, von denen in den Zeitungen ständig geschrieben wird!«, antwortete der Fotograf.

Ein paar Minuten zeichnete sich in den Köpfen der amerikanischen Flieger das bedrohliche Bild eines neuen Pearl Harbour ab. Inzwischen hatte man sich jedoch mit der politischen Situation des Kalten Kriegs abgefunden.

Eine amerikanische Nachrichtenabteilung, der diese geheime militärische Episode irgendwie zu Ohren gekommen war, zitierte später die Aussagen von Leutnant Blair, dem Piloten:

»[…] und dann wandte er sich an den Fotografen: ›Ich sah das Yo-Yo hinter mir‹, sagte er. ›Ich nenne es Yo-Yo, weil es mich zu meiner Überraschung an eines meiner bevorzugten Kinderspielzeuge erinnerte. Wir hatten Befehl, es auf jeden Fall abzuschießen. Aber daran dachte ich erst später. Und obwohl ich mit 360 Meilen pro Stunde flog, zog das seltsame Objekt mühelos an mir vorbei. Trotz der Geschwindigkeit konnte ich es für wenige Sekunden beobachten: Es sah aus wie eine sehr flache Auster und schien etwa 15 Fuß im Durchmesser und etwa drei Fuß hoch zu sein. Es flog völlig geräuschlos, ich meine, es gab keine Geräusche ab, die lauter als die unserer eigenen Maschine gewesen wären. Das von ihm ausgestrahlte Licht sah aus wie ein leuchtender Schweif. Sobald es mich überholt hatte und ich im Begriff war, es zu verfolgen, bemerkte ich, wie es sich in zwei Teile öffnete, wie eine Auster und abwärts flatterte. Mir fiel auf, dass es mindestens ein Dutzend andere ›Yo-Yos‹ einholte, die in ungeordneter Formation ausscherten – beinah wie Kampfflugzeuge vor einem Angriff.‹

›Sind Sie sicher, dass es sich um metallische Objekte handelte, und nicht etwa beispielsweise einfach um leuchtende ›Flecken‹, die sich von selbst fortbewegen oder die Wirkung einer Luftspiegelung haben?‹

›Anscheinend bestanden die seltsamen Flugobjekte aus Aluminium. Sie waren perlgrau und hatten an der Oberseite alle eine strahlende Blase, die aus irgendeinem durchsichtigen Material bestand.‹

›Konnten Sie sehen, von wem sie geflogen wurden? Und warum haben Sie keine Aufnahmen gemacht?‹

›Wir haben Zeit damit verschwendet, das Objekt beim Vorbeifliegen zu beobachten, und versuchten festzustellen, ob sich jemand an Bord befand. Aber das Ding flog schneller, als wir reagieren konnten.‹

›Hatte der fremde ›Staffelführer‹ Gelegenheit, Ihre Maschine zu streifen?‹

›Nein. Keinesfalls. Ich habe keine Ahnung, warum er ins Trudeln geriet. Vielleicht gab es schon vorher technische Schwierigkeiten, vielleicht geriet er aber auch zufällig in meine Wirbelschleppe und wurde auseinandergerissen. Wie gesagt, wir hatten ziemliches Tempo.‹«

Der Fotograf bestätigte, dass er seine große Vertikalkamera nicht auf die Flugformation einstellen konnte, weil die Geschwindigkeit der vorbeifliegenden Objekte zu hoch war. In den wichtigsten Einzelheiten stimmte sein Bericht genau mit dem des Piloten, der von seinem engsten Vorgesetzten als »ehrenhafter, seriöser Offizier« bezeichnet wurde, der seinen Beruf sehr ernst nahm, überein. Zudem sagte der Pilot: »Er glaube, nachdem er seine Aufmerksamkeit auf eines der Flugobjekte in der Nähe seiner Maschine konzentriert habe, innen flüchtig jemand gesehen zu haben – wohl den Piloten, der flach in der Kabine gelegen habe und vorn aus dem gläsernen Bullauge an der Kuppel hinaussah.

Das Objekt soll in ziemlich unwegsamem, dicht bewaldetem Gebiet abgestürzt sein. Die Besatzung der Air-Force-Basis Bozman wurde vom Pentagon beauftragt, umgehend sorgfältige Untersuchungen der gesamten Umgebung durchzuführen. Suchtrupps und Hubschrauber wurden eingesetzt, um das abgestürzte Flugobjekt ausfindig zu machen. Leider vergeblich.

Die ersten Hinweise auf ein Flugzeug, das angeblich eine Geschwindigkeit von Mach 6 erreichen kann, veröffentlichte die *New York Times* 1988.

1989 beobachtete der Ölbohr-Ingenieur Chris Gibson eine »Aurora«-Maschine in der Luft, die von zwei F-111s begleitet wurde. Allem Anschein nach kam die Maschine von Machranish, der Scottish Special Forces Base, die auch die SR 71 beherbergte, und flog auch dorthin zurück.

Gibson war Mitglied des Royal Observer Corps, eine Organisation, die in der Identifizierung von Flugzeugen geschult war. Im August 1989 arbeitete er auf einer Bohrinsel mit Namen »Galveston Key«. Er befand sich gerade unter Deck, als sein Mitarbeiter und ehemaliger Universitätskumpel, Graeme Winton, zu ihm herunter kam und sagte: »Komm und sieh dir das an!« Die beiden gingen nach oben und beobachteten nicht sehr hoch über sich ein großes Flugzeug in Begleitung von zwei kleineren und einem dreieckigen, die nicht sehr schnell flogen. Das Dreieck setzte Gibson in helles Erstaunen. Auf direktes Erkennen eines Flugzeugtyps trainiert, machte ihn diese Maschine sprachlos. Für eine F-111 war sie zu lang, und dem Umriss nach konnte dies auch nicht zutreffen. Seine nächste Vermutung war eine F-117, über deren Existenz die Öffentlichkeit gerade informiert worden war. Aber auch dafür war das Dreieck zu lang. Als auch eine Mirage IV nicht in Betracht kam, wusste er sich keinen Rat mehr.

Gibsons Freund spürte dessen Verwirrung und fragte: »Was ist los?« »Die große Maschine ist ein KC-135-Stratotanker, die beiden links sind F-111s, aber was die vierte darstellen soll, weiß ich nicht«, murrte Gibson. »Ich dachte, du bist Experte?« »Bin ich.« Gibson nickte.

Die beiden beobachteten die Formation noch eine Weile, dann gingen sie wieder unter Deck. Gibson, der zu dieser Zeit an einem Luftfahrt-Bestimmungs-Handbuch arbeitete, war der Meinung, im Besitz des besten, je über dieses Gebiet verfassten Nachschlagewerks zu sein: das dänische »Luftmelderkorpset Flykendingsbog«. Er sah das Werk durch – aber nichts passte zu diesem Dreieck.

Sodann hielt Gibson seine Beobachtung in einer Zeichnung fest, die er im Herbst 1992 an den Journalisten Bill Sweetsman sandte. Im darauf folgenden Dezember berichtete dieser in der Luftfahrt-Publikation *Jane's* über die Sichtung.

Schon 1991 rumpelte eine Serie von »Himmelsbeben«, wie es die örtlichen Medien zu bezeichnen pflegten, über Los Angeles. Geräusche, die wie Atombomben klangen. Der Seismologe Jim Mori vermutete dahinter allerdings ein Schallmauerdröhnen beziehungsweise ein möglicherweise aus großer Höhe – etwa 100.000 Fuß – wenn nicht gar aus dem Weltraum über Los Angeles herabsinkendes Flugzeug, um in »Dreamland« zu landen. Gleichzeitig häuften sich die Sichtungen in Palmdale und den Antelopen Valleys. In vielen Berichten wurde eine lange dreieckige Maschine mit Pfeilflügeln von 70 Grad beschrieben, während andere Beobachter meinten, es könne sich um eine der XB-70-ähnlichen Maschinen handeln.

Unter anderem existieren auch Spekulationen, dass es sich bei »Aurora« nicht um ein bemanntes Flugzeug handele, sondern um ein »unmanned aerial vehicle« – ein unbemanntes Luftfahrzeug also, das Gerüchten zufolge als »Q« oder »Tier« bezeichnet wurde.

Es ist aber auch nicht auszuschließen, dass der romantische Name lediglich der Irreführung diente. Das Aerospace-Magazin *Air International* behauptete, »Aurora« sei ein Akronym für »Automatic Retrieval of Remotely Pilotet Aircraft.«

Einer weiteren Vermutung nach sei das Projekt »Aurora« forciert worden, weil die U.S. Air Force dringend ein für den Weltraum geeignetes Flugzeug benötigte – eine Maschine, die von einer normalen Startbahn aus aufsteigen und dort auch wieder landen konnte.

Nach dem bereits erwähnten »Aurora«-Bericht in *Jane's*, der vom *Wall Street Journal* und der *Washington Post* übernommen wurde, musste die Regierung reagieren. So dementierte der Air-Force-Sekretär Donald Rice in einem Brief vom November 1992 an die *Washington Post* energisch die Existenz eines »Aurora«-Programms und schrieb:

»Lassen Sie mich meine vor Monaten zu diesem Thema vorgebrachten Worte wiederholen: Die Air Force hat kein derartiges Programm, weder unter dem Namen ›Aurora‹ noch unter einer anderen Bezeichnung. Sollte ein derartiges Programm sonstwo existieren, wüsste ich davon – mir ist jedoch nichts Derartiges bekannt. Darüber hinaus hat die Air Force weder Verschleierungsgeschichten erfunden noch veröffentlicht, um ein Programm wie ›Aurora‹ zu verheimlichen. Noch deutlicher kann ich nicht werden. Anlässlich der letzten Flut von ›Aurora‹-Beobachtungen beauftragte ich meinen Stab einmal mehr, jeder vermeintlichen Sichtung nachzugehen, um die Ursache für die Eskalation des Gerüchts zu ergründen. Wahrscheinlich werden sich einige der Sichtungen nie klären lassen, weil die notwendigen Anhaltspunkte zur Nachforschung fehlen. Andere Vorfälle, wie zum Beispiel die Schallmauer-Donner über Kalifornien, die Beinhah-Kollision mit einer kommerziellen Linienmaschine und einer seltsam geformten Air-Force-Maschine können leicht erklärt werden, was wir nachweisbar oft genug getan haben [...] Die Air Force ist weder im Besitz eines Flugzeugs noch ist sie an einem Luftfahrtprogramm beteiligt, das auch nur im Entferntesten die Fähigkeiten aufweist, die ›Aurora‹ zugesprochen werden. Obwohl mir bewusst ist, dass dieser Brief den Spekulationen kein Ende setzen wird, fühle ich mich verpflichtet, die Dinge ins rechte Licht zu rücken.«

Mitte der neunziger Jahre wurde eine Anzahl von Hochgeschwindigkeits-Flugzeugen bekannt gemacht. Eines hieß »Loflyte«, ein ferngesteuerter so genannter Wellenreiter, eine dreieckige Flugmaschine, die auf den Schneller-als-Schall-Schockwellen mit 5.000 Stundenkilometern gleitet. Als Lockheed Martin dann einen Vertrag zum Bau der X-33 – ein Hyperschall-Suborbital-Flugzeug – erhielt, wurden einige Angehörige der Skunkwerke misstrauisch. Denn das zugesagte Auslieferungsdatum und der vergleichsweise niedrige Etat ließen vermuten, dass Lockheed im Besitz einer Technologie von »anderswoher« war – vielleicht aus dem »Aurora«-Programm – um Vorsprung zu haben. »Könnte es sein, dass X-33 einfach die ›weiße‹ Version von ›Aurora‹ war?«, fragt Phil Patton in »Travels in Dreamland«. »Und wenn es ›Aurora‹ nicht gab oder nichts in der Art, warum schossen dann in Aera 51 Gebäude wie Pilze aus dem Boden? Warum platzen die Parkplätze von Lockheed quasi aus allen Nähten, und wofür wurde eine 9,5 Kilometer lange Startbahn durch Groom Lake benötigt?«

Die rätselhaften Ereignisse im belgischen Luftraum und über anderen Ländern Ende der achziger und auch in den neunziger Jahren könnten darauf möglicherweise eine Antwort geben:

In der nahe Brüssel liegenden Radarstation Semerzake klingelte am 30. März 1990 um 23 Uhr das Telefon. Ein aufgeregter Augenzeuge berichtete dem Radarkontroller, dass er am wolkenlosen Nachthimmel ein dreieckiges Flugobjekt mit jeweils einem Scheinwerfer an den drei Ecken beobachtet habe, deren Leuchten heller als das der Sterne gewesen sei. Der Mann am Telefon war fest davon überzeugt, ein UFO gesehen zu haben.

Wenig später läutete auch bei der Brüsseler Gendarmerie das Telefon. »Das Ding ist zurück!«, schrie jemand am anderen Ende der Leitung. Der Polizeibeamte erkannte die Stimme des Radarkontrollers und rannte hinaus, in der Hoffnung, noch etwas von dem Objekt zu sehen. Tatsächlich! Vor Aufregung fast sprachlos, bestätigte er dem Radarkontroller, was er gesehen hatte.

Um 0:05 Uhr des 31. März stiegen zwei F-16-Jäger auf und erfassten mit ihrem Bodenradar um 0:36 Uhr ein Objekt. Als die Abfangjäger nur noch etwa zwölf Kilometer entfernt waren, nahmen sie ihr Ziel siegessicher ins Visier: »Automatische Zielverfolgungseinrichtung aktiviert. Wiederhole: Habe Ziel erfasst«, ging die Meldung über den Äther, doch das unbekannte Flugobjekt wich ihnen geschickt aus. »Ziel ist in Bewegung geraten. Versuche, es zu verfolgen. Habe das Ziel jetzt verloren … Versuche, es erneut zu erfassen. Jetzt, ich hab'. Komme näher … und näher. Jetzt ist es wieder weg – verschwunden!«

Das »Ziel« war ein riesiges, dreieckiges Flugobjekt, das vom Bodenradar über dem Brüsseler Vorort Glons erfasst worden war. Zwei F-16-Abfangjäger der belgischen Luftwaffe hatten bereits ihre Raketen für den Abschuss vorbereitet, als ihnen das Objekt mit unvorstellbarer Geschwindigkeit entwischte.

Einer der Jet-Piloten sagte aus, dass das fremde Objekt wie eine »wild gewordene Hummel« auf dem Radarschirm hin und her fegte und dabei »Tricks« anwendete, die basses Erstaunen auslösten. Konnte das unbekannte Flugobjekt doch in Sekundenschnelle von 280 auf 1.300 Stundenkilometer beschleunigen und gleichzeitig seine Höhe um 1,3 Kilometer reduzieren sowie abrupt zum Stillstand kommen.

Brüssel war inzwischen sozusagen außer Rand und Band geraten. Polizeireviere, Militär, Radio- und Fernsehstationen erlitten einen telefonischen Infarkt, da mehr als 3.000 Augenzeugen ihre außergewöhnlichen Beobachtungen loswerden wollten.

Unter dem öffentlichen Druck sah sich das Militär gezwungen, eine ansehnliche Zahl der in belgischem Besitz befindlichen 70 F-16-Düsenjäger auf »Abfangkurs« zu schicken und damit nahezu ein Luftchaos auszulösen. Was beiden zuständigen Luftwaffengenerälen gleichzeitig Kopfweh verursachte, da sich im Fall einer

Konfrontation mit einem UFO die bange Frage stellte, wie zu reagieren sei. Hatten sich doch ihre fähigsten Piloten bereits geschlagen geben müssen.

Bald herrschte Einigkeit darüber, dass eine »logische« Erklärung für die Ereignisse dieser Nacht im allgemeinen Interesse am bequemsten sei, manche Beobachter vermuteten hinter den mysteriösen Flugobjekten lediglich Wetterballons, wenn auch bis heute nicht bekannt geworden ist, dass sich ein Wetterballon in einem Sturzflug von 40 Grad erdwärts bewegen kann. Andere gingen von der Annahme aus, dass es sich um geheime militärische Testflüge gehandelt haben könne. Durch eine Überprüfung ließ sich jedoch nachweisen, dass zum fraglichen Zeitpunkt keine fremde Regierung eine Erlaubnis zur Durchführung von Testflügen über Belgien erbeten hatte. Und warum eigentlich sollten streng geheime Militärmaschinen ausgerechnet über dem dicht besiedelten Gebiet einer Großstadt wie Brüssel bei sternklarem Nachthimmel Testflüge durchführen?

Letztendlich ließ der Chef der belgischen Luftwaffe, General Wilfried De Brouwer, die Öffentlichkeit darüber unterrichten, dass das Militär keine Erklärung für die UFOs geben könne. Die zwischen 1989 und 1990 über Belgien beobachteten »UFOs« wurden von vielen Augenzeugen für zu jener Zeit getestete Spionageflugzeuge gehalten. Das traf vor allem auf den Stealth-Bomber F-117A von Lockheed zu, in dessen Entwicklung Milliarden US-Dollar geflossen waren. Doch gegenüber den beobachteten Flugobjekten hat die F-117A den Vorteil, nicht von Radar erfasst werden zu können. Doch der keilförmige Northrop-Stealth-Bomber B-2 ist ebenso wenig wie die F-117A zu Flugmanövern fähig, wie sie bei den unbekannten Flugobjekten beobachtet wurden. Es bleiben also nur noch zwei Alternativen übrig: 1. ein Flugobjekt außerirdischer Herkunft oder 2. eine völlig neuartige Flugmaschine aus dem »Aurora«-Programm.

Dazu der Bericht vom belgischen Luftwaffen-Major Lamprecht: »Seit Anfang September 1989 wurden im belgischen Luftraum regelmäßig mysteriöse Flugobjekte beobachtet [...] Zum Zeitpunkt dieser Ereignisse waren weder Testflugzeuge vom Typ B-2 oder F-117A im Einsatz noch ferngelenkte Fluggeräte oder AWACS[9].«

Die Beschreibung der dreieckigen UFOs und ihrer Scheinwerfer lautete folgendermaßen: »Die Lichter sind sehr hell, als wären es Signale. Dadurch sind sie leicht von Sternen zu unterscheiden.« Die Schlussbemerkung des Majors, in der er unmissverständlich hervorhebt, dass die belgischen Behörden am Himmel eindeutig Aktivitäten registriert hatten: »Das Radar der Luftwaffe hatte die unbekannten Objekte erfasst.«

Im offiziellen Bericht der Luftwaffe heißt es unter anderem: »Die [...] gemessenen Geschwindigkeiten

---

9 AWACS = Airborne Warning and Control System (luftgestütztes Frühwarnsystem).

und die festgestellten Höhenveränderungen schließen die Hypothese aus, wonach es sich um eine Verwechslung mit Flugzeugen handeln könnte. Auch die in anderen Phasen gezeigten langsamen Bewegungen sind nicht flugzeugtypisch [...]

Die Hypothese, wonach es sich um eine optische Täuschung, eine Verwechslung mit Planeten oder um irgendein meteorologisches Phänomen handeln könnte, steht im Widerspruch zu den Radarbeobachtungen; dies gilt speziell für die Flughöhe von 10.000 Fuß und die Gesamtformation der UFOs. Die geometrische Anordnung lässt die Annahme zu, dass ihr ein Plan zugrunde liegt [...] Ebenfalls auszuschließen ist die Hypothese von Himmelsphänomenen, die aus einer Projektion von Hologrammen herrühren [...] Hologramme können nicht auf Radar geortet werden, und eine Laser-Projektion ist nur dann sichtbar, wenn es dafür einen ›Schirm‹ gibt, beispielsweise Wolken. Im vorliegenden Fall war der Himmel indessen unbewölkt [...]«

Und auch die Möglichkeit von »Radarengeln«, also Phantomen auf dem Radarschirm, wie sie gelegentlich bei Temperaturinversionen vorkommen, schließt der Bericht ultimativ aus: »In Belgien herrschte zum Zeitpunkt der Radarbeobachtungen keine meteorologisch relevante Inversionswetterlage.«

Die belgischen Physiker Prof. Léon Brenig von der Freien Universität Brüssel und Prof. August Meessen von der katholischen Universität Löwen verfassten für die Belgische Gesellschaft zur Erforschung von Welt-raumphänomenen, SOBEPS[10], eine Auswertung von 2.000 Berichten über die belgischen UFO-Sichtungen, unterlegt mit vielen Fotografien und Filmen. Im Nach-wort zu dieser Dokumentation gesteht General De Brou-wer ein: »Die Luftwaffe jedenfalls ist zu dem Schluss gelangt, dass sich im belgischen Luftraum eine gewisse Zahl anormaler Phäno-mene ereignet hat. [...] und die Beobachtungen in der Nacht vom 30. zum 31. März haben uns zur Vermutung Anlass gegeben, dass eine bestimmte Zahl nicht geneh-migter Flugaktivitäten tatsächlich

Oberst Wilfried De Brouwer von der belgischen Luftwaffe

stattgefunden hat. Bislang liegen keinerlei Hinweise vor, die auf ein aggressives Verhalten schließen ließen; der militärische und der zivile Luftverkehr wurden weder gestört noch gefährdet [...]«

Schon in meinem Buch »Zeitreisen« habe ich über einen Zwischenfall berichtet, in den eine Linienmaschine der British Airways verwickelt war: Die 737-Maschine befand sich am 6. Januar 1995 um 18:48 Uhr in 4.000 Fuß Höhe auf dem Landeanflug nach Manchester in Nord-england, als der folgende Sprechfunkdialog zwischen

---

10 SOBEPS = Société Belge d'Étude des Phénomènes Spatiaux (gegrün-det 1971 mit Sitz in Brüssel).

dem Kapitän der BA 737, Roger Wills, und dem Fluglotsen des Towers festgehalten wurde:

> BA 737: »Da ist gerade oberhalb unserer rechten Seite etwas an uns vorbeigeschossen.«
>
> Tower: »Tja, aber auf dem Radarschirm ist nichts zu sehen. War es ein Flugzeug?«
>
> BA 737: »Nun, es hatte Lichter, es kam steuerbord sehr schnell herunter.«
>
> Tower: »Und über euch?«
>
> BA 737: »Hm, gerade etwas über uns, ja.«
>
> Tower: »Achtet darauf, ob da etwas ist. Hm, im Augenblick sehe ich gar nichts. Hm ... muss ... hm ... sehr schnell gewesen sein. Oder sehr rasch runtergekommen, als es vorbeisauste. Was meinst du?«
>
> BA 737: »Okay. Gut. Das wär's also.«

Spätere Untersuchungen durch die CAA, Civil Aviation Authority (Zivile Luftfahrtbehörde), ergaben, dass der Pilot das Objekt für etwa zwei Sekunden sah, als es an der rechten Cockpitscheibe und dem Seitenfenster der Maschine vorbeiflitzte. Er beschrieb es als keilförmig mit einer Anzahl kleiner weißer Lichter, ähnlich wie bei einem Christbaum. Er wusste nicht, wie weit das Objekt entfernt war, obwohl es seinem Gefühl nach sehr nah sein musste.

Auch der Kopilot der 737, Mark Stuart, sah das Objekt auf der rechten Seite des Flugzeugs mit hoher

Geschwindigkeit passieren. Er beschrieb es als dunkel, keilförmig, mit etwas wie einem schwarzen Streifen an der Seite. Er zeichnete ein Diagramm des Objektes, das mit dem unabhängig davon angefertigten des Piloten völlig übereinstimmte. Seine Beschreibung differierte mit der des Piloten lediglich in Bezug auf die Lichter. Er glaubte nämlich, dass das Objekt von den zu diesem Zeitpunkt eingeschalteten Landungslichtern der BA 737 beleuchtet worden sei.

Die Größe des Objekts schätzte der Kopilot etwa auf die zwischen einer einmotorigen Maschine und einem Düsenflugzeug ein. Über die Entfernung war er sich nicht sicher, sagte aber, dass er sich instinktiv »duckte«, als das Objekt vorbeiflog.

Könnte es ein Tarnkappen-Bomber gewesen sein? Das keilförmige, dunkle Erscheinungsbild ließ den Gedanken daran unwillkürlich aufkommen. Der Erste Offizier hatte Tarnkappen-Bomber allerdings schon früher zu Gesicht bekommen und behauptete, eine solche Maschine sofort zu erkennen.

Ungeachtet dieser Aussage des Kopiloten überprüfte der CAA-Untersuchungsausschuss unter Einbeziehung von Militärbehörden die Möglichkeit von in der näheren Umgebung eingesetzten Tarnkappen-Bombern. Aber dafür ließen sich »keine Beweise aus irgendeiner zuständigen Quelle« erbringen. Offizielle Dementis sowie die Unwahrscheinlichkeit militärischen Flugverkehrs in der Nähe eines stark frequentierten Verkehrsflughafens, mit oder ohne Benachrichtigung der CAA, schlossen jede Möglichkeit der Verwechslung des unbekannten Flugobjekts mit einem Tarnkappen-Bomber aus. Gleichzeitig wurde überprüft, ob es sich um einen Gleitschirm, einen Drachenflieger oder ein Ultraleichtflugzeug gehandelt haben könnte. Auch hier war die Antwort negativ.

Obwohl das Bodenradar die BA 737 zu diesem Zeitpunkt erfasst hatte, traf dies auf das unbekannte Flugobjekt nicht zu. Für die Untersuchungsbeamten war damit nichts Ungewöhnliches verbunden, da das Radarsystem über Witterungs-Störungselemente verfügte, die möglicherweise in Betrieb waren. Unter diesen Umständen hätte das Objekt ein schwaches Radarecho

Das UFO, das beinahe mit der BA 5061 kollidiert wäre, wurde auch von der Erde aus gesichtet. Dieses Bild zeigt eine Rekonstruktion des Objekts, das angeblich eine Dreiecksform hatte und »so groß wie das Wembley-Stadion« gewesen sein soll.

abgegeben, das als Wetterphänomen interpretiert und nicht angezeigt worden wäre. Die CAA-Untersuchungsgruppe verzeichnete den Zwischenfall schließlich als ungeklärt, gab jedoch folgenden Kommentar ab:

» [...] dieser von zwei verantwortungsbewussten Verkehrsflugzeugpiloten unterbreitete Bericht wurde sehr ernst genommen, und wir möchten den Mut der Piloten, zu dieser Aussage zu stehen, und die vorurteilsfreie Einstellung ihrer Gesellschaft, dies zu ermöglichen, lobend anerkennen. Berichte wie dieser sind oft Veranlassung zu Spott, aber die CAA hofft, dass dieses Beispiel Piloten, die ungewöhnliche Sichtungen erleben, zur Berichterstattung ermutigt, ohne befürchten zu müssen, der Lächerlichkeit preisgegeben zu werden.«

Projekt »Aurora«

AMERIKANISCHE WISSENSCHAFTLER HABEN sich schon seit Jahren auf die Technologie des dritten Jahrtausends eingestellt und entwickeln neuartige Antriebssysteme für die Luft- und Raumfahrt. In diesem Zusammenhang verlagerte man aus Geheimhaltungsgründen einen Teilbereich der durch das öffentliche Interesse gefährdeten Area 51 in den US-Bundesstaat Utah. Dort soll, Indizien zufolge, auch mit Elektrogravitationsantrieben und mit Antigravitation experimentiert werden.

Allerdings geht der Beginn dieser exotischen Technologie bereits auf das zweite Jahrzehnt dieses Jahrhunderts zurück.

Als der junge amerikanische Physiker Thomas Townsend Brown 1921 mit der Röntgenstrahlen erzeugenden »Coolidge-Röhre« experimentierte, stieß er auf ein merkwürdiges Phänomen: Sobald die Röhre in Betrieb gesetzt war, verfiel sie in eine leichte Bewegung.

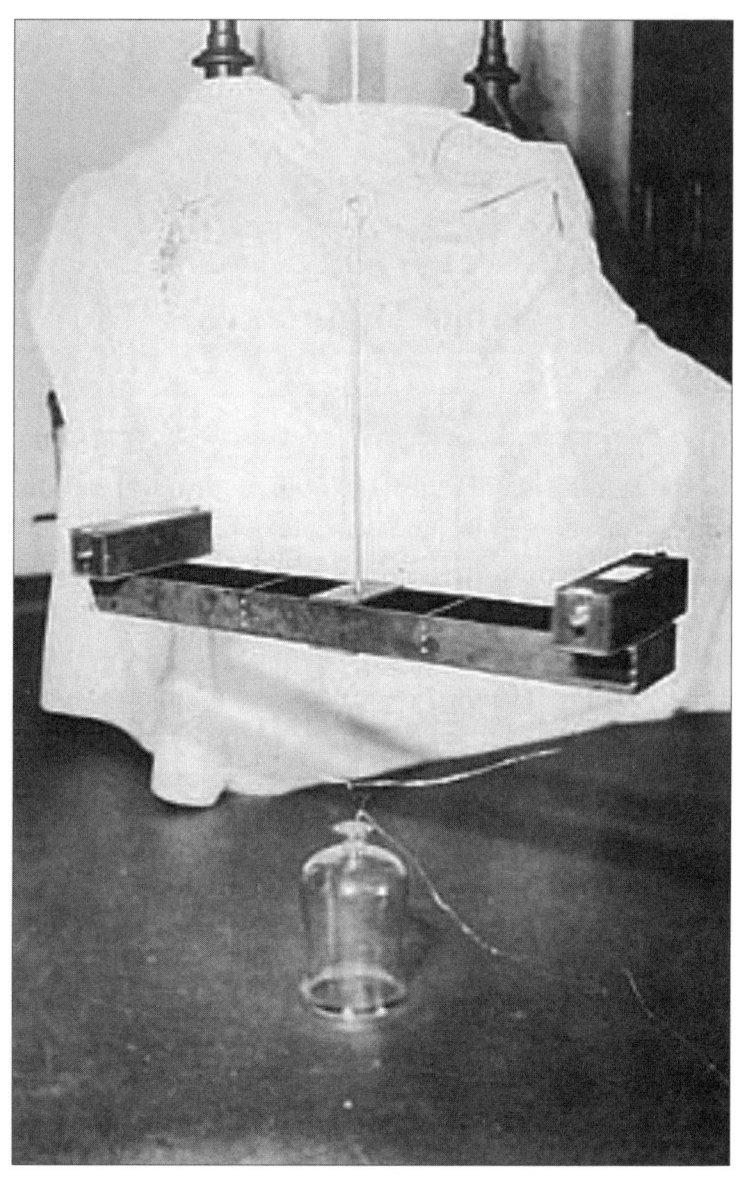

Ein frühes Gravitator-Experiment von T. T. Brown.

Schon nach kurzer Zeit hatte Brown die Ursache für die leichten Schwingungen entdeckt: Mit Einschalten des Starkstroms, der die Röhre in Betrieb setzte, entstand ein bestimmter, gegen die Gravitation wirkender Druck.

Mit dem Gravitator, einem von Brown entwickelten Versuchsgerät, durchgeführte weitere Tests bestätigten dieses Ergebnis. So büßte ein Versuchsobjekt beim Einschalten einer 100-Kilowatt-Starkstromquelle bis zu einem Prozent seines Gewichts ein. Brown war sicher, ein neues elektrisches Prinzip entdeckt zu haben: die Wirkung von Elektrizität auf Schwerkraft. Nicht ein einziger seiner Professoren vom California Institute of Technology nahm während seiner Studienzeit von seiner Entdeckung Notiz. Erst als Brown 1923 an die Denison-Universität in Granville, Ohio, überwechselte, änderte sich diese Einstellung.

Der Schweizer Professor der Physik Paul Alfred Biefeld, einstiger Kommilitone von Albert Einstein, wurde auf Brown aufmerksam. Von seiner Entdeckung überzeugt, nahm er den jungen Mann unter seine Fittiche und wurde schließlich sein Mentor. In ihren gemeinsamen Experimenten bewiesen Biefeld und Brown nun, dass sich ein an einem Faden hängender Kondensator unter sehr hoher elektrischer Spannung von selbst auf seinen positiven Pol zubewegt. Ein Phänomen, das nach seinen Entdeckern Biefeld-Brown-Effekt genannt wurde. Wenn die Pole des unter starker elektrischer Spannung stehenden Kondensators vertikal ausgerichtet sind, vollzieht sich eine Bewegung in Richtung des positiven Pols – unbeeinflusst von der Gravitation, also gegen die Schwerkraft.

Auf der Basis seiner bis dahin durchgeführten Experimente konstruierte Brown 1926 einen von ihm als »Raumfahrzeug« benannten, derart ausgefallenen Flugkörper, dass unsere heutigen Flugmaschinen dagegen

Modell von Browns »Raumfahrzeug«.

antiquiert erscheinen. Dieses Raumfahrzeug bestand nicht aus beweglichen Teilen, und sein Antriebs- und Steuerungssystem nutzte die Veränderung und Verstärkung der elektrischen Polarisation. Nach dem Biefeld-Brown-Effekt richtete sich seine Bewegung immer nach dem positiven Pol aus, der sich bei jeder Richtungsveränderung entsprechend verlagerte. Brown experimentierte mit den unterschiedlichsten Formen, bis sich die für seinen Flugkörper geeignetste herauskristallisierte, die Scheibenform. Angeblich soll der Wissenschaftler auch lange vor dem Auftauchen der ersten fliegenden Untertassen in den USA das Geheimnis des UFO-Antriebs erkannt haben. Das Brownsche Raumfahrzeug schien unabhängig von der irdischen Schwerkraft über ein eigenständig funktionierendes Elektrogravitationsfeld zu verfügen. Das heißt, Beobachtungen zufolge soll dieses zukunftsweisende Flugobjekt »auf Wunsch« beschleunigen, abbremsen, im Zickzackkurs fliegen, starten beziehungsweise sich fortbewegen können, ohne dass die im Schwerefeld der Flugscheibe befindlichen Insassen »Unbillen« ausgesetzt wären.

Nach Browns eigenen Worten von 1938 geht dabei Folgendes vor sich: Das Feld verhält sich wie eine Welle mit dem negativen Pol an der Oberseite und dem positiven Pol an der Unterseite. Die Scheibe gleitet über diese aufsteigende Welle, die durch ihren Elektrogravitationsgenerator ständig in Bewegung gehalten wird. Da sich die Orientierung des Feldes steuern lässt, kann sich die Scheibe auf ihrer eigenen, permanent erzeugten

Thomas Townsend Brown

Elektrogravitationswelle in jede beliebige Flugrichtung fortbewegen. Aufgrund der elektrostatischen Entladungen wäre die Scheibe von einem ständig in der Farbe variierenden Leuchten umgeben. Leider mussten noch etwa zwei Dekaden vergehen, bevor Brown die Anerkennung zuerkannt wurde, die ihm längst gebührt hätte. Bis zu diesem Zeitpunkt arbeitete der hochqualifizierte Physiker unverdrossen weiter, unter anderen auch zusammen mit Albert Einstein. 1939 stand ihm in den Forschungslaboratorien der US-Navy ein Team von 50 erstklassigen Wissenschaftlern mit einem Etat von 50 Millionen Dollar zur Verfügung. Seinem Forschungsgebiet, der Elektrogravitation konnte er in dieser Zeit allerdings nur im privaten Rahmen nachgehen.

Erst mit dem Erscheinen der fliegenden Untertassen im Jahr 1947 kam Brown plötzlich wieder in Erinnerung. Und das ausgerechnet durch den Oberkommandierenden der Pazifischen US-Flotte, Admiral Arthur W. Radford. Denn seiner Meinung nach war Brown als einziger Physiker geeignet, das mysteriöse Antriebssystem der UFOs zu entschlüsseln.

So kam es 1952 unter Leitung von T. T. Brown in Cleveland zu »Project Winterhaven«. Bei dieser Gelegenheit entwickelte Brown ein Gerät, das sich selbst angeblich in den Schwebezustand versetzen konnte. In einem Experiment mit zwei Scheiben von 90 Zentimetern Durchmesser, einem Rotationsumlauf von 17 Metern und einer Aufladung von 150 Kilovolt erreichte Brown eine Umlaufgeschwindigkeit von über 20 Stundenkilometern.

Die Fachzeitschrift *Interavia* bezeichnete das erzielte Ergebnis als so beeindruckend, dass dies eine umgehende Geheimhaltungsstufe zur Folge hatte. Brown erklärte dazu, dass er mit einer entsprechend starken Energiequelle auch einen flugfähigen, bemannten Elektrogravitationskörper konstruieren könne.

Zu der am 18. November 1955 in New York abgehaltenen Konferenz über Gravitation war die damalige Physiker-Elite der Vereinigten Staaten erschienen: Edward Teller, Vater der Wasserstoffbombe; Julius Robert Oppenheimer, Leiter des Manhattan-Projects; die Physiker J. A. Wheeler, Freeman und Dyson unter vielen anderen mehr. Die Zusammenfassung der zur Sprache gekommenen Themen durch den Wissensschaftsredakteur der *New York Herald Tribune* hat folgenden Wortlaut: »Eine Anzahl amerikanischer Luftfahrt- und Elektronikunternehmen sieht die Möglichkeit, magnetische und Antigravitationsfelder als Antriebssysteme für Flugmaschinen auswerten zu können, da sie unabhängig vom Luftwiderstand sind. Raumschiffe dieser Art wären in der Lage, in wenigen Sekunden auf mehrere tausend Stundenkilometer zu beschleunigen, ohne negative Einflüsse der G-Kräfte auf die Passagiere.

In seinem Werk »The Principle of Ultra-Relativity« stellt der japanische Physiker Shinichi Seiki eine Möglichkeit dar, Gravitationsenergie in elektromagnetische Energie umzuwandeln. Er geht dabei von der so genannten Kramer-Gleichung aus, durch die die vierdimensionale Gyrationsbewegung der Atome in ihrer Abhängigkeit von äußeren elektrischen und magnetischen Feldern aufgezeigt wird. Seiki verwendete drei kugelförmige Kondensatoren, deren Ladung und Entladung alternativ über drei Magnetspulen erfolgte, um das rotierende elektrische Feld herzustellen. Zur Ingangsetzung des Antriebs benötigte er eine externe Energiequelle.

Sozusagen mit dem Ende der Konferenz war das Thema Elektrogravitation plötzlich tabu, obwohl die Forschung unter strengster militärischer Geheimhaltung totsicher fortgeführt wurde. Aus einer Studie vom Februar 1956 ging beispielsweise eindeutig hervor, dass sich fast alle namhaften Rüstungsfirmen und Flugzeugkonzerne mit dieser Technologie beschäftigten. Dass diese Studie aber ausgerechnet in der Technischen Bibliothek der Wright Patterson Air Force Base, dem Sitz des Lufttechnischen Nachrichtendienstes (ATIC) der U.S. Air Force, aufgestöbert wurde, sagt alles. Unter anderem wurde in dieser Studie festgehalten, dass die meisten Flugzeugkonzerne zum Studium von elektrostatischen und Elektrogravitations-Phänomenen mittlerweile Spezialisten eingesetzt haben.

Von einem leitenden Ingenieur einer dieser Konzerne war in einem *Interavia*-Interview zu erfahren, dass schwerelose Flugobjekte und Antigravitationsantriebe in der gleichen Zeit gebaut werden könnten, die nötig war, um die erste Atombombe herzustellen! Das ultrakonservative Schweizer Luft- und Raumfahrtmagazin kommentierte diese Aussage mit der Feststellung: »In den USA und anderen Staaten werden bis zum heutigen Tag streng geheim gehaltene Elektrogravitationsprojekte, mehr als je, in vor der Öffentlichkeit streng abgeschirmten Anlagen durchgeführt.« Der 1990 in Los Angeles ansässige Militär-Vertragspartner Science Application International Corporation analysierte in einem Bericht die Methoden für potentielle Antigravitationsaggregate. Und in *Aviation Week* erschien 1990 ein Artikel, dem ein Interview von Luft- und Raumfahrtingenieuren beigefügt war, die trotz Redeverbots den Mut zum Sprechen aufbrachten. Sie bestätigten die Durchführung »supergeheimer« Schwarze-Welt-Programme und schilderten einige elektrostatische Antriebsmethoden, die zu jener Zeit in Arbeit waren. Einer von ihnen sagte wörtlich: »Sie sind sehr schwarz, das heißt, die Projekte wurden aus einem offiziell nicht existierendem schwarzen Etat finanziert. Doch abgesehen davon bedürfte es einer Zeit von mehr als zwanzig Stunden zur Erklärung der Prinzipien, die dann ohnehin nur wenigen verständlich wären.«

Soweit aus Recherchen ersichtlich ist, werden derzeit in Antigravitations-Forschungsprojekten neuartige High-Tech-Keramikmaterialien, die Elementarteilchen in Rotation versetzen, und Supraleiter angewendet. Bei dem unter strengster Geheimhaltung stehenden »Delta-G«-Projekt werden beispielsweise in Antigravitationsversuchen rotierende Scheiben verwendet. Unter anderen sind daran die Firma Super Conductor Performance in Columbia, Ohio, und die NASA in Huntsville, Alabama, beteiligt.

Auch in der Materialforschung sind erstaunliche Fortschritte zu verzeichnen. So befasst sich die NASA derzeit mit Antigravitations-Experimenten, die auf den Forschungsergebnissen des finnischen Physikers Dr. Eugene Podkletno von der Technischen Universität Tampete beruhen. Wenn eine auf −400 Grad Fahrenheit tiefgefrorene Superkonduktorenscheibe über einem starken Magnetfeld aufgebaut und zum Rotieren gebracht wird, ergibt sich ein scheinbarer Gewichtsverlust. Falls sich diese Ergebnisse in weiteren Experimenten bewahrheiten sollten, wäre damit der Hinweis erbracht, dass die Gravitation »entmachtet« werden könnte.

Diese neuen Technologien gehen natürlich auf eine jahrzehntelange Entwicklungsgeschichte zurück, und inzwischen kann auch nicht mehr der geringste Zweifel bestehen, dass sich die Amerikaner ebenso lange mit der Konstruktion und dem Test fliegender Untertassen befasst haben und immer noch befassen – wenn auch inzwischen die Dreiecksform mit abgerundeten Ecken – wie die TR-3B – den Vorrang hat.

So arbeitete Jack Pickett, ehemaliger Kampfflieger im Zweiten Weltkrieg, als Redakteur für verschiedene offizielle U.S.-Air-Force-Publikationen auf der MacDill-Air-Force-Basis in Florida, die derzeit die sechste Luftwaffenstaffel beherbergt. Jacks Assistent hatte zufällig auf dem MacDill-Schrottplatz durch eine einsehbare Lücke im Sicherheitszaun am Ende einer Startbahn einige ungewöhnliche Flugobjekte entdeckt. Neugierig, um was es sich bei diesen seltsamen Vehikeln handeln könnte, fuhr Pickett selbst hin, während er seinen Assistenten veranlasste, im Büro des Generals nachzufragen, was es mit den Flugzeugen auf sich habe. Dieser Anruf blieb erfolglos. Als Pickett wieder im Büro war, rief er das Hauptquartier an und wurde schließlich mit dem Kommandeur der Air Division verbunden. Dieser gab zu, dass es sich bei den vier auf dem Schrottplatz stehenden Flugobjekten um streng geheime Prototypen handele, die planmäßig verschrottet werden sollten. Dann sickerte durch, dass es Diskussionen wegen der öffentlichen Bekanntgabe der Existenz dieser Flugkörper gab. Pickett bedrängte nun den Colonel, ihm als ersten die Erlaubnis zur Veröffentlichung dieser interessanten Geschichte zu erteilen. Zu seiner großen Freude wurde ihm mitgeteilt, dass er sehr bald eine Antwort auf sein Ersuchen erhalten würde. Schon nach dem Mittagessen teilte ihm das Büro des Kommandeurs mit, dass alles in Ordnung sei und er die Existenz der Flugobjekte in den nächsten Ausgaben der *NCO* und des Offiziersclub-Magazins veröffentlichen dürfe. Noch im Lauf des Nachmittags erhielten Jack und der NCO-Club-Manager offiziell die Erlaubnis, zum Schrottplatz zu fahren und die Flugobjekte in Augenschein zu nehmen.

In einer »abgeschirmten Ecke« des Schrottplatzes standen vier fliegende Untertassen, die sich im Entwurf sehr ähnlich waren. Sie variierten lediglich im Durchmesser zwischen sieben und 30 Metern. Die größte »Scheibe« hatte nach Picketts Beschreibung etwa die Größe eines B-47-Bombers. Jedes Flugobjekt verfügte über einen konventionellen oberen Cockpit mit einer durchsichtigen Kuppel. An jeder Seite des Cockpits befanden sich ausgebuchtete »air intakes« – Luftansaugventile – und außerdem Abzugsöffnungen. Die kleineren Objekte schienen durch zwei Turbo-Jets angetrieben zu werden, während die größeren über vier verfügten. Offensichtlich waren Querruder und Landeklappen vorhanden, zudem war jedes Flugobjekt mit einem dreirädrigen Fahrgestell ausgestattet, das mit zunehmender Größe der Untertasse massiver wurde. Eine Tatsache, die zu unterstellen scheint, dass die Flugscheiben nicht über eine direkte Senkrecht-Start-und-Landefähigkeit verfügen, aber mit Sicherheit gute STOL-Charakteristika aufzuweisen haben. An allen Flugscheiben waren die U.S.-Air-Force-Insignien mit dem an verschiedenen Stellen zusätzlich auftauchenden Wort: »X-PERIMEN-TAL« angebracht. Insgesamt bestanden die Objekte aus poliertem Metall, abgesehen von einigen lackierten Stellen um die Cockpitkuppel herum.

Nach seiner anfänglichen Inspektion plante Pickett für die Oktober-Ausgabe des *Club Magazins* eine Presseveröffentlichung. Dann setzte er sich mit dem Büro des Kommandeurs in Verbindung, um das dazu erforderliche Fotomaterial zu erbitten. Da ihm selbst lediglich eine Polaroid-Kamera zur Verfügung stand, hätte er auch einen U.S.-Air-Force-Fotografen beauftragen können, Bildmaterial zu liefern, aber die Flugobjekte auf dem Schrottplatz eigneten sich wegen ihres fortgeschrittenen Verfallszustandes nicht mehr als »Fotomodelle«. Jack Pickett wurde versichert, dass er das benötigte Bildmaterial trotzdem problemlos erhalten würde. Deswegen suchte er am nächsten Tag einen hochrangigen Offizier im Hauptquartier auf, der ihm unter Bewachung von zwei MPs eine Reihe von Fotos über die Experimental-Untertassen vorlegte. Auf einigen Aufnahmen war eine neue Untertassen-Generation mit wesentlich fortschrittlicheren Antriebsaggregaten gegenüber den konventionellen Turbo-Jet-Triebwerken abgebildet.

Schließlich wurde Jack darüber informiert, dass die frühen Testflüge dieser Flugscheiben für die anfängliche UFO-Hysterie in den USA verantwortlich waren und einige dieser Objekte auch tatsächlich abgestürzt seien.

Als Jack Pickett am nächsten Morgen im Besitz der Fotos war und seine Mitarbeiter die Gestaltung der beiden Magazine vorbereiteten, hatte es sich das Pentagon jedoch anders überlegt. Ohne vorherige Benachrichtigung wurde der Journalist von einem ranghohen Offizier aufgesucht, der die ihm ausgehändigten Fotografien sowie alle Notizen und Vorbereitungsarbeiten für die zu veröffentlichenden Artikel kommentarlos beschlagnahmte. Zur gleichen Zeit stellte sich heraus, dass die Flugkörper spurlos verschwunden waren und jeder, der auch nur im Geringsten mit der Sache zu tun hatte, erhielt den strikten Befehl, über eine Angelegenheit, die offiziell nie stattgefunden hatte, strengstes Stillschweigen zu bewahren.

Pickett ist sich noch immer darüber im Unklaren, warum das Pentagon 1967 seine Meinung über die Veröffentlichung der fliegenden US-Untertassen so »Hals über Kopf« änderte. Er ist allerdings der Ansicht, dass es lediglich eine Zeitfrage ist, bis irgendjemand, der mit der Sache zu tun hatte, damit an die Öffentlichkeit geht.

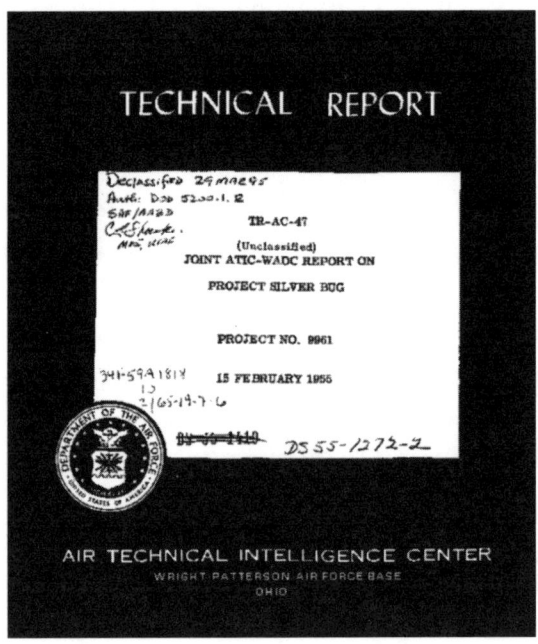

Das Deckblatt des Silver-Bug-Reports aus dem Jahr 1955.

Ähnliche Flugscheiben wie die von Jack Pickett beschriebenen wurden über Jahrzehnte bei verschiedensten Gelegenheiten am amerikanischen Himmel beobachtet. Gegen Ende des Jahres 1995 wurden Einzelheiten eines streng geheimen U.S.-Air-Force-Programms – Projekt »9961 Silver Bug« – teilweise mit den Unterlagen von zwei verschiedenen Untertassen-Entwürfen freigegeben. Es stellte sich heraus, dass dieses Projekt auf einen Teil des geheimen Avro-Canada-Programms »Project Y« zurückzuführen ist. Es ist anzunehmen, dass eine geringe Anzahl der Silver-Bug-Untertassen, die bis auf Mach 3,5 beschleunigen und eine Aufstiegshöhe von 35.000 Metern erreichen konnten, fertiggestellt wurden. Ihr Antriebssystem bestand aus einer neuartigen Ringturbine mit einem Durchmesser von knapp zehn Metern.

Vieles spricht dafür, dass aus dem »Silver Bug Project« das supergeheime »Aurora«-Programm entstanden ist. Der Amerikaner Leik Myrabo arbeitet an der Entwicklung von Flugmaschinen, die durch so genannte magnetohydrodynamische (MHD) »Fanjet«-Turbinen, in Verbindung mit der so genannten »Air Spikes«-Technologie angetrieben werden. Letzteres ist ein Verfahren, nach dem zehn Milliarden-Watt-Mikrowellen von einem Satelliten abgestrahlt werden, um vor dem Flugkörper eine Schockwelle zu verursachen und die ihn umgebende Luft zu ionisieren. Da sich die Elektroden dabei der Luftmoleküle entledigen, bildet sich als Nebeneffekt eine leuchtende Lufthülle. Durch die Nutzung der

Mikrowellenenergie sollen diese Flugmaschinen angeblich bis auf die 25fache Schallgeschwindigkeit beschleunigen können, faktisch, ohne Oberflächenreibung aufkommen zu lassen, da das Air-Spikes-Verfahren die Atmosphäre in Flugrichtung regelrecht »aufschneidet«. Im Übrigen wird das Plasma durch Elektronen und supraleitende Magneten geformt und gesteuert.

Diese futuristische Technologie wird unter anderen von Lockheed in seiner »Hellendale Underground Base« in Kalifornien entwickelt und erprobt. McDonnell Douglas und Northrop betreiben ihrerseits elektromagnetische Forschungsstätten im kalifornischen Antelope Valley bei der Edwards-Air-Force-Basis. Diese aus dem schwarzen Etat finanzierten, supergeheimen Forschungsanlagen führen – wie auch »Area 51 S-4« – viele Stockwerke tief in die »Unterwelt«.

Als Nachkomme von Joseph Fouché, dem gefährlichen Geheimdienstchef unter Napoleon, ist der amerikanische Wissenschaftler Edgar Rothschild Fouché in die Fußstapfen seines Vorfahren getreten. Als Geheimdienstler war er auf spezielle elektronische Forschungsprogramme, Kommunikation und Kryptographie spezialisiert. Er hatte wichtige Positionen bei Militär-Forschungsprojekten inne, unter anderem bei der NSA; vor allem aber war er Mitarbeiter beim supergeheimen »Aurora«-Programm in der Area 51.

Hierüber machte er unter Lebensgefahr erstmals Aussagen. Als ich ihn in Laughlin, Nevada, traf, beschrieb er mir, unter welchen »äußeren Umständen«

die Experten und Wissenschaftler zu ihren Arbeitsstätten in der Area 51 befördert wurden: »Mit dem Flugzeug eingeflogen, wurden ihnen vor der Landung Spezialbrillen verpasst, mit denen sie nur geradeaus schauen können, weder links noch rechts. Dann wurden sie in Busse mit geschwärzten Scheiben verladen und zu ihren jeweiligen Arbeitsplätzen gebracht.« Fouché behauptet auch, dass das, was die Amerikaner der Weltöffentlichkeit in Bezug auf ihr Flugwesen derzeit vorführen, auf dem Stand der Technologie der sechziger Jahre sei. In Wahrheit existiere bereits eine geheime Technologie des dritten Jahrtausends.

So beispielsweise die riesige SR-75, die durch ein »Explosive-pulsed-detonation-wave«-Triebwerk über Mach 8 erreichen und in über 40.000 Meter Höhe aufsteigen könne. Gegenüber dieser »Zukunftstechnologie« seien der Shuttle und die Tarnkappenbomber geradezu antiquiert. Aber das sei rein gar nichts im Vergleich mit dem Prototyp TR-3B, einem riesigen silberblauen, dreieckigen »Sternenschiff«. Fouché behauptet, dass die TR-3B im Zuge des »Aurora«-Programms mit einer revolutionären Technologie ausgestattet worden sei. Durch Nuklearenergie angetrieben, erzeuge ihre

Der Autor (links)
und Edgar Rothschild Fouché

Rotationsturbine ein Plasmakissen, auf dem sie mit mindestens Mach 9 dahingleiten könne. Darüber hinaus erklärt Fouché in aller Bestimmtheit, dass diese Technologie der Auswertung abgestürzter außerirdischer Flugobjekte zu verdanken sei.

Auch wenn diese Aussagen von Fouché abwegig klingen, stimmen sie genau mit einem FBI-Memorandum vom 22. März 1950 an den damaligen FBI-Chef, J. Edgar Hoover überein:

> Nach Aussagen eines Untersuchungsbeamten der Air Force sind in New Mexico drei so genannte fliegende Untertassen geborgen worden. Ihre Form wird als rund beschrieben, sie hatten in der Mitte eine Kuppel und einen Durchmesser von rund sechzehn Metern. Jede hatte eine Besatzung, die aus drei Geschöpfen menschlicher Gestalt bestand. Sie trugen eine metallisch anmutende Kleidung aus sehr feinen Geweben [...] Nach Mr. [Name unkenntlich gemacht] sind die fliegenden Untertassen in New Mexico aufgrund der Tatsache abgestürzt, dass die Regierung in dieser Region Hochenergie-Radaranlagen installiert hat, die vermutlich die Kontrollmechanismen der fliegenden Untertassen außer Betrieb gesetzt haben.

Dieses Dokument wurde erst im Jahr 1983 auf Gerichtsbeschluss hin freigegeben.

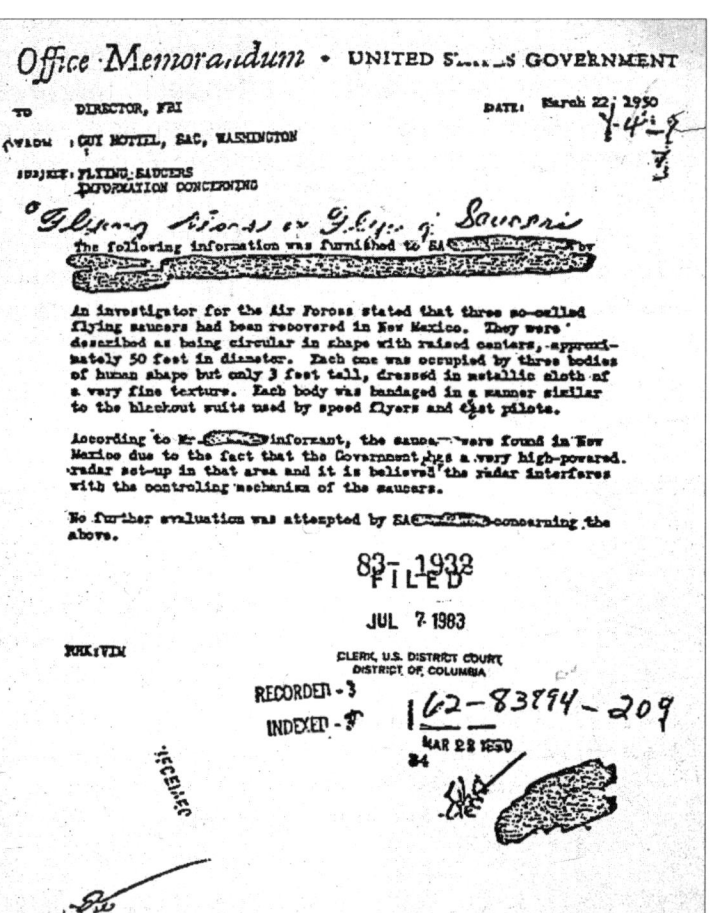

Office Memorandum • UNITED STATES GOVERNMENT

TO : DIRECTOR, FBI   DATE: March 22, 1950

FROM : GUY HOTTEL, SAC, WASHINGTON

SUBJECT: FLYING SAUCERS
         INFORMATION CONCERNING

Glowing Disc or Glying Saucers

The following information was furnished to SA ████████ by

████████. ████████████████████████████████████

An investigator for the Air Force stated that three so-called flying saucers had been recovered in New Mexico. They were described as being circular in shape with raised centers, approximately 50 feet in diameter. Each one was occupied by three bodies of human shape but only 3 feet tall, dressed in metallic cloth of a very fine texture. Each body was bandaged in a manner similar to the blackout suits used by speed flyers and test pilots.

According to Mr. ████████ informant, the saucers were found in New Mexico due to the fact that the Government has a very high-powered radar set-up in that area and it is believed the radar interferes with the controling mechanism of the saucers.

No further evaluation was attempted by SA ████████ concerning the above.

83-1932
FILED

JUL 7 1983

XXX:VIN

CLERK, U.S. DISTRICT COURT
DISTRICT OF COLUMBIA

RECORDED - 3

INDEXED - 3

162-83794-209

MAR 28 1950

RECEIVED

5 1 MAR 29 1950

Das berühmte Memorandum an J. Edgar Hoover.

Vorstoß ins Unmögliche

NACH EINER ZWISCHENLANDUNG in Island startete die Boeing 747 der Japanese Airlines (JAL) am 17. November 1986 erneut, um nach Anchorage, Alaska, weiterzufliegen. Die Frachtmaschine mit der Flugnummer JL 1628 war mit einer Ladung Beaujolais an Bord von Paris nach Tokio unterwegs. Der damals 49-jährige, inzwischen pensionierte Flugkapitän Kenju Terauchi galt als ruhiger, zuverlässiger Pilot, der für seine Fluggesellschaft in 19 Jahren einige Millionen Flugkilometer zurückgelegt hatte. Im Licht des Vollmonds war die Sicht gut und trotz einiger Turbulenzen verlief der Flug problemlos. Nach der Überquerung der nordpolaren Region Kanadas wechselte Terauchi zur südwestlich gelegenen arktischen Flugroute über. Es war 16:25 Uhr Alaska-Zeit. In dieser Gegend ist es Mitte November rund um die Uhr dunkel. Die Sonne kommt hier erst im März wieder zum Vorschein. In Edmington gab der Flugkapitän seine Position an die Bodenstation durch und wurde aufgefordert, sich in Anchorage zu melden.

Es war 17:05 Uhr, als JL 1628 auf dem Radarschirm der Bodenstation registriert wurde und der Frachtmaschine eine andere Flugroute zugeteilt wurde. Als Terauchi daraufhin seinen Kurs in einer Linkskurve änderte, entdeckte er dabei unerwartet zwei nicht identifizierbare Lichter. Er und seine Besatzung vermuteten Flugzeuge, denn die Lichter bewegten sich mit der gleichen Geschwindigkeit von 900 Stundenkilometern und in der selben Richtung vorwärts wie die die JAL-Frachtmaschine.

Als die Objekte jedoch ihre Position unverändert beibehielten, begann sich die Crew ein wenig zu wundern. Tameto, der 1. Offizier, funkte an Anchorage Center: »Hier Japan Airline 1628. Haben Sie über uns irgendwelchen Flugverkehr festgestellt?« Anchorage: »Negativ, JAL 1628«. JAL 1628 ruft Anchorage: »Etwa eine Meile vor uns sind zwei Flugobjekte«. Anchorage an JAL 1628: »Können Sie den Flugzeugtyp identifizieren? Ist zu erkennen, ob es sich um Militär- oder Zivilmaschinen handelt?« Jal 1628: »Typ nicht identifizierbar. Aber Navigationslichter sind zu erkennen.«

Die JAL-Crew rätselte unterdessen, ob hier vielleicht Laser getestet würden, denn damit wäre eine Erklärung für die schnelle Bewegung der Lichter gegeben. Hin und wieder hatte es den Anschein, als würden sie miteinander »spielen«. Außerdem verhielten sie sich völlig anders als Flugzeuge. Da sie weit genug entfernt waren und somit keine Gefahr bedeuteten, behielt Terauchi seinen Kurs bei. Schließlich kam er auf den Gedanken, ob sie es vielleicht mit UFOs zu tun haben könnten? Gleichzeitig griff er nach seiner Kamera um ein paar Fotos zu machen, die eine spätere Identifizierung der Flugobjekte unter Umständen erleichtern könnten. Doch die Schärfeeinstellung des automatischen Suchers versagte. Außerdem war der Empfindlichkeitsgrad des Films zu gering. Da die Frachtmaschine unerwartet leicht zu vibrieren begann, legte der Flugkapitän die Kamera aus der Hand. Sieben oder acht Minuten waren vergangen, als die beiden unbekannten Flugobjekte unvermittelt stoppten und den JAL-Transporter in helles Licht eintauchten. In der Maschine spürten die Männer seine Wärmeausstrahlung. Als diese nachließ, sahen sie die rechteckigen Formen der fremden Flugkörper etwa 500 bis 1.000 Fuß (rund 150 bis 350 Meter) vor der Boeing ihre Bahn ziehen. Die JAL-Besatzung war starr vor Staunen. Erst nachdem sich die »Lichter« entfernt hatten, unterrichteten sie Anchorage Center über den Vorfall.

Als die unbekannten Flugobjekte auf den Radarschirmen geortet wurden, schaltete Anchorage umgehend die militärische Luftraumüberwachung ein, auch dort waren die Flugobjekte auf den Radarschirmen gesichtet worden. Gleichzeitig wurde bestätigt, dass der Luftraum frei von Militärmaschinen sei. Anchorage forderte die militärische Luftraumüberwachung auf, trotzdem zu überprüfen, ob sich nicht doch andere Militärmaschinen in der Luft befinden könnten.

Militärische Luftraumüberwachung an Anchorage: »Wir haben ein unbekanntes Flugobjekt geortet [...]

aber den Kontakt wieder verloren.« Plötzlich tauchte hinter dem JAL-Frachter die gigantische, walnussförmige Silhouette eines Raumschiffs von der Größe eines Flugzeugträgers auf.

JAL 1628 verstört an Anchorage: »Da ist … äh … ich glaube … äh … ein Flugobjekt!« Die Boing-Besatzung suchte verängstigt um eine Kursänderung nach. Als diese schließlich erteilt wurde, schlug der Pilot eine Linkskurve ein, in der Hoffnung, das gigantische Raumschiff abschütteln zu können. Vergeblich. Ein Blick aus dem Cockpit-Seitenfenster genügte, um ihm »vor Augen zu führen«, dass die JAL-Maschine immer noch in Begleitung war. Terauchis Ersuchen, die Flughöhe ändern zu dürfen, wurde von Anchorage sofort genehmigt. Kurz darauf JAL 1628 an Anchorage: »Wir leiten jetzt den Sinkflug ein.« Anchorage an JAL 1628: »Sehen Sie immer noch Flugverkehr?« JAL 1628 an Anchorage: »Immer noch … es kommt … in Rechtsformation … äh … in Rechtsformation …« »Verstanden, JAL.«

Da die restlichen 3.800 Pfund Treibstoff weiteres zielloses Umherfliegen nicht gestatteten, holte sich Terauchi in Anchorage die Erlaubnis, den dortigen Flughafen in Talkeetna im Direktflug ansteuern zu dürfen. Anchorage war mit der Landung in Talkeetna einverstanden und fügte hinzu: »Halten Sie uns über Ihren Flugverkehr auf dem Laufenden.« JAL an Anchorage: »Position unverändert!« Während des Funkverkehrs beobachtete die Besatzung des Frachtflugzeugs besorgt den noch immer mit ihrer Maschine in Formation fliegenden gewaltigen Flugkörper. Anchorage an JAL: »Bitte führen Sie eine 360-Grad-Wendung durch, Sir, und unterrichten Sie uns über die Reaktion des unbekannten Flugkörpers.«

Inzwischen bestätigte die militärische Luftraumüberwachung, dass »da oben« keine Militärmaschinen im Einsatz wären, und fragte, ob sich JAL 1628 immer noch in Begleitung des unbekannten Flugobjekts befände? Darauf Anchorage: »Er sagt ja!« Fast gleichzeitig bestätigte eine andere militärische Radarstation das Echo des unbekannten Flugobjekts auf ihrem Schirm. Nun fragte Anchorage an, ob dieses die JAL-Frachtmaschine noch begleitet? »Ja, es hat ganz den Anschein«, funkte die militärische Luftraumüberwachung zurück.

Mittlerweile hielt das unbekannte Flugobjekt alle militärischen und zivilen Radarstationen des Gebiets in Atem. »Sollen wir einen Abfangjäger zum Eingreifen hinaufschicken«, fragte die militärische Luftraumüberwachung bei Flugkapitän Terauchi an. »Negativ ... negativ«, kam es spontan zurück. Terauchi erinnerte sich nur zu gut, dass das Eingreifen eines US-Abfangjägers bei einem Vorfall ähnlicher Art in der Vergangenheit eine Tragödie ausgelöst hatte. Das riesige unbekannte Flugobjekt begleitete die japanische Transportmaschine 50 Minuten lang, um dann ebenso urplötzlich zu verschwinden, wie es aufgetaucht war.

Um 18:25 Uhr landete die Boeing 747 unbeschadet auf dem Flughafen von Anchorage. »Ich bin froh, dass nichts passiert ist«, sagte Flugkapitän Terauchi auf einer

Pressekonferenz. »Meine Kollegen sind alle verheiratet, haben Kinder und sind noch jung.« Der Chef der Luftaufsichtsbehörde FAA rief einen Krisenstab zusammen. Die Fluglotsen erklärten, dass sie nicht wüssten, wie sie Situationen wie diese bewältigen sollten. Schließlich sei weder eine Gefahr im Anzug gewesen, noch habe es einen Gesetzesverstoß gegeben. Nach Terauchis felsenfester Überzeugung war er mit den Abgesandten einer außerirdischen Zivilisation in ihrem Raumschiff konfrontiert worden.

Bis heute ist die Streitfrage, ob es sich bei unbekannten Flugobjekten um außerirdische Besucher, irdische Geheimprojekte oder natürliche Phänomene handelt, nicht geklärt. Nach den vorliegenden Indizien scheinen allerdings alle drei Theorien zuzutreffen. Das offizielle Interesse an UFO-Organisationen ist nicht neu, und es wird sowohl von der CIA als auch von der U.S. Air Force behauptet, alle amerikanischen Organisationen seien mit »fabrizierten« UFO-Berichten durchsetzt und sogar einige bekannte Schriftsteller gefördert und unterstützt worden, um UFO-Desinformation zu veröffentlichen (ich nicht! Anm. des Autors). Die Geheimdienste und das Pentagon sind bestrebt, der Öffentlichkeit weiszumachen, dass im irdischen Luftraum keine geheimen Flugkörper des schwarzen »Aurora«-Programms operieren, dafür aber als Deckmantel vorgeschobene Außerirdische nur zu willkommen sind.

Wie dem auch sei, die Verwicklung von Geheimdiensten mit UFO-Kreisen trägt zur wachsenden Überzeu-

Das Pentagon

gung bei, dass der Öffentlichkeit der wahre Hintergrund vorenthalten werden soll.

Am 11. Oktober 1998 gab der ehemalige Apollo-Astronaut Edgar Mitchell der *Sunday Times* ein Interview, das für weltweite Schlagzeilen sorgte. Unter anderem sagte er:

Wie ich schon wiederholt erwähnt habe, verfüge ich über keine direkten Erfahrungen mit dieser Art von (UFO-)Phänomenen. Meiner

Meinung nach gibt es jedoch überzeugende Beweise, die vermuten lassen, dass die streng geheimen Versuche der Nachahmung von Alien-Technologien nicht mehr von der Regierung kontrolliert werden, sondern sozusagen »privat gesteuert« werden. In anderen Worten: dass gewisse Gruppen einen schwarzen Etat für derartige Projekte einsetzen, ohne von der Regierung überwacht zu werden. Es handelt sich dabei um Außenseitergruppen, die außer Kontrolle geraten sind [...] Ich habe Kontakt zu Gruppen, die an Verschleierungen beteiligte Personen – etwa in Roswell und auch anderswo – interviewt haben. Diese Leute würden sich inzwischen gern äußern, befürchten jedoch, ihre Schweigepflicht zu verletzen [...] Es ist vertretbar, dass die Vertuschung derartiger Operationen am Anfang noch gerechtfertigt war. Diese streng geheimen Systeme mit begrenztem Zugang führen jedoch zu einer absoluten Korruption, zu einer uneingeschränkten Macht. Seit der Eisenhower-Administration haben nicht einmal die höchsten Führungskräfte gewusst, was sich bei diesen schwarzen Programmen abspielt – insbesondere bei diesen ganz speziellen schwarzen Programmen. In heute zugänglichen Akten existieren keine diesbezüglichen Berichte mehr. Deshalb ist selbst unter Hinweis auf den Freedom of Information Act keine Information mehr zu erhalten. Und die Regierung kann nicht preisgeben, was sie nicht weiß. Deswegen werden auch abwegige Geschichten erfunden, wie Ballons oder Dummies im Roswell-Zwischenfall. Auch wenn die UFOs nicht außerirdischer Herkunft sein sollten, sind die am Himmel zu beobachtenden Technologien noch weitaus komplizierter als die uns auf der Erde bekannten […] Die UFOs, die wir sehen, sind das genaue Gegenteil von dem, was die US-Regierung und die Geheimnisse uns glauben machen wollen. Denn sie sind äußerst real.

Am 13. März 1997 zeigte sich über Sedona, Tucson und Phoenix in Arizona eine der gewaltigsten, jemals gesichteten UFO-Formationen – heute unter der Bezeichnung »Phoenix Lights« bekannt. Es waren V-förmige oder dreieckige Flugobjekte von jeweils etwa 300 Metern Länge. Tausende beobachteten sie anderthalb Stunden lang, wie sie in 150 bis 500 Metern Höhe mit 50 bis 70 Stundenkilometern über Phoenix dahinglitten. Eine Geschwindigkeit, die für UFOs normalerweise viel zu langsam ist. Das Ganze wirkte eigentlich eher wie eine Demonstration. Seltsamerweise kümmerte sich auch die Presse erst etwa zwei Monate später sozusagen ganz nebenbei um den Vorfall. Eine offizielle Stellungnahme ist bis heute nicht erfolgt.

Am 15. September 1991 um 20:30 Uhr GMT befand sich die Raumfähre Discovery in 600 Kilometern Höhe über Südostasien. Als sie mit 28.000 Stundenkilometern gerade Burma überflog, Java vor sich hatte und am Horizont die Lichter Nordaustraliens sichtbar wurden, tauchte hinter der Erde plötzlich ein Licht auf, das anscheinend am Horizont entlang flog. Plötzlich schlug es einen rechten Winkel und raste davon ins All. Gleichzeitig schoss eine Art Lichtstrahl zu der Stelle am Nachthimmel, wo sich das Objekt befunden hätte, wäre es nicht blitzschnell ausgewichen. Der Vorgang dauerte nur wenige Sekunden, sollte sich aber als einer der interessantesten UFO-Zwischenfälle erweisen. Von der NASA wurde das Objekt offiziell als Eispartikel deklariert, der sich über die Sichtscheibe der Discovery bewegt hätte.

Wissenschaftliche Untersuchungen kamen jedoch zu folgenden Ergebnissen: Der Physiker Jack Kasher, Professor der Universität Ohama, Nebraska, und Prof. Mark J. Carlotto, Universität Boston, sowie Computer-Bildauswerter von The Analytic Sciences Corporation (TASC), einer NASA-Vertragsfirma, wiesen nach, dass es sich hier um ein Objekt in etwa 2.900 Kilometern Entfernung handelte. Anfangs flog es mit 24 Stundenkilometern pro Sekunde, das heißt mit der unfassbaren Geschwindigkeit von 92.000 Stundenkilometern, um sich dann mit über 300.000 Stundenkilometern aus der Erdatmosphäre zu entfernen. Danach beschleunigte es auf 14.000 G's oder auf das 14.000fache der Erdanziehungskraft, das entspricht Mach 272! Es ist eigentlich überflüssig zu erwähnen, dass ein Mensch eine derartige Beschleunigung nicht überleben würde. Der Körper wäre hernach flacher als ein Pfannkuchen.

Prof. Carlotto erklärte, es bestünde nicht der geringste Zweifel, dass sich das Objekt tatsächlich in dieser Entfernung befand. Es sei kein optischer Effekt im Spiel gewesen, es tauchte tatsächlich jenseits des Horizonts auf, und als es die Erdatmosphäre verließ, setzte eine extreme Abnahme seiner Leuchtkraft ein. Offenbar sei es von einem Kraftfeld umgeben gewesen, dessen Ionisationseffekt die Atmosphäre heller aufleuchten ließe. All diese Umstände schlössen die »Verwechslung« mit einem sich quer über die Scheibe bewegenden Eisklumpen aus. Davon abgesehen, hätte die Discovery schon abrupt wenden müssen, um einen Eisklumpen »abzuschütteln«, doch zur Durchführung solcher Manöver sei sie nicht geeignet. Außerdem blieb die Position der über dem Horizont sichtbaren Sterne unverändert. Beweis: Die Fluglage der Raumfähre blieb stabil. Und bei dem auf das UFO gerichteten Strahl könne es sich nach Prof. Kasher um die SDI-Waffe »Brilliant Pebbles« handeln, ein elektromagnetisches High-Tech-»Schrotgewehr«, das unzählige, winzige »Splitter« mit 17.000 Kilometern pro Sekunde zur Abwehr ins All feuert. Der Strahl könne aber auch vom supergeheimen US-Stützpunkt Pine Gap abgefeuert worden sein, da dort die SDI-Technologie erprobt würde.

Im Mai 1989 tauchte der sehr umstrittene angebliche Physiker Robert Lazar als ehemaliger Mitarbeiter in der Area 51 erstmals auf amerikanischen Bildschirmen auf und enthüllte den fassungslosen TV-Konsumenten, dass die US-Regierung auf dem Gelände der »Area 51 S-4« neun unterschiedliche UFO-Typen außerirdischer Herkunft zur Auswertung der Alien-Technologie untersuche. Lazar beschrieb den Sektor S-4

Robert Lazar

am Papoose-Trockensee als großen unterirdischen Komplex, der der Entwicklung futuristischer Technologien diene. »Ich sah dort riesige, untereinander verbundene Hangars. In S-4 arbeiteten etwa 22 Wissenschaftler unter Aufsicht von etwa der dreifachen Anzahl Sicherheitskräfte«, berichtete Lazar. In einem der Hangars habe er eine Flugscheibe von etwa elf Metern Durchmesser aus hell glänzendem Metall gesehen. Die Oberseite war rundum mit quadratischen Luken versehen. Lazar behauptete auch, in das aluminiumfarbene Objekt hineingeschaut und in dessen Mitte eine Säule gesehen zu haben. Es habe dort nur abgerundete Formen wie aus einem Guss gegeben. Über die Pilotensitze habe er sich am meisten gewundert. Sie hätten wie Kindersitze angemutet.

Lazar zufolge habe die Energiequelle der neun in S-4 untergebrachten Objekte aus schwerem, orangefarbenen Material – »Element 115« – bestanden, das einen »Antimateriereaktor« betrieben habe. Nach Lazars Vermutung habe Element 115 zwei Funktionen gehabt. Einerseits könnte es die Quelle einer den dort arbeitenden Wissenschaftlern nicht bekannten Schwerkraftwelle gewesen sein, der »Schwerkraft-A-Welle«, andererseits liefere es wohl die zum Antrieb des UFOs unbedingt notwendige Antimateriestrahlung. Lazar behauptet weiterhin, dass die Schwerkraft-A-Welle aus dem Kern von »Element 115« im Flug verstärkt werde und somit eine Verschiebung von Zeit und Raum bewirke – etwa so, wie dies im starken Gravitationsfeld eines schwarzen Lochs geschähe. Diese Zeit- und Raumverschiebung ermögliche es, riesige Strecken praktisch ohne Zeitverlust zurückzulegen.

Ist Lazar nun ein Märchenerzähler vor dem Herrn, oder steckt hinter dem Ganzen eine fantastische Wirklichkeit? Nachdem ruchbar geworden ist, dass seine akademischen Qualifikationen nicht »koscher« sein sollen, müssen Zweifel am Wahrheitsgehalt seiner Aussagen erlaubt sein. Dagegen spricht wiederum der Bericht des vor kurzem verstorbenen, hoch dekorierten Col. Philip J. Corso, dem ehemaligen Chef der Army's Foreign Technology Division »The Day after Roswell«. Seiner, aus eigener Erfahrung gemachten Behauptung nach ist die rasante Entwicklung der Mikroelektronik, der Faseroptik, der Lasertechnologie usw. auf die Auswertung eines abgestürzten Flugobjekts außerirdischer Herkunft bei Roswell in New Mexico zurückzuführen. Sind wir vielleicht doch auf dem Weg ins dritte Jahrtausend mit einer Technologie von fremden Welten?

Fremde Welten

»DIE ENTDECKUNG INTELLIGENTEN Lebens auf anderen Welten würde bedeutende Auswirkungen für die Menschheit mit sich bringen«, sagt der Radioastronom und Präsident des SETI-Instituts (Search for Extraterrestrial Intelligence – Suche nach außerirdischer Intelligenz) Prof. Frank Drake[11], der neben anderen Aufgaben an der Universität von Kalifornien in Santa Cruz auch einen Lehrstuhl für Astronomie innehat. Drake befasst sich bereits seit 1960 mit einer möglichen Kontaktaufnahme mit fremden Intelligenzen. Und bereits vor

---

11 Die Drake-Gleichung (auch Green-Bank-Formel genannt), die im November 1961 auf der Green-Bank-Konferenz von Frank Drake entwickelt wurde, lautet wie folgt: $N = R * f_p * n_e * f_l * f_i * f_c * L$. Die Anzahl (N) der entdeckbaren Zivilisationen im Weltraum ist gleich der Summe (R) von Sterneninformationen mal dem Bruchteil (f_p) der Sterne, die Planeten bilden, mal der Anzahl (ne) bewohnbarer Planeten mal dem Bruchteil (f_j) der Planeten, auf denen Leben tatsächlich entsteht, mal dem Bruchteil (f_i) der Planeten, wo Leben zu intelligenten Wesen führt, mal dem Bruchteil (f_c) der Planeten mit intelligenten Wesen, die eine interstellare Kommunikation führen können, mal der Zeit (L), während der eine solche Zivilisation entdeckbar bleibt.

Beginn seines Projekts »Ozma« beschäftigten ihn vorwiegend die folgenden Fragen:

- Welche Beweise gibt es für die Alltäglichkeit intelligenten Lebens im All?
- Wo müssten wir nach außerirdischen Zivilisationen suchen, die fortgeschrittener sind als wir?
- Welche Erwartungen verbinden wir mit interstellarer Verbindungsaufnahme?
- Welche uns selbst betreffenden Fakten wären wir bereit, Außerirdischen preiszugeben?
- Wer sollte die Suchaktionen und den Informationsaustausch durchführen?
- Werden Außerirdische versuchen, mit uns Kontakt aufzunehmen? Wenn ja, wie? Und wann?
- Wäre damit ein Risiko für die Menschheit verbunden?
- Welche Bedeutung hätte es für uns, wenn wir sie nicht finden sollten?
- Wie würden wir auf die Signale außerirdischer Zivilisationen reagieren?

Es ist kaum vorstellbar, dass wir die einzigen Wesen im Kosmos sein sollen. Allein in unserem Sternensystem, der Milchstraße, bewegen sich rund 200 Milliarden Sterne in spiralförmigen Bahnen. Milliarden davon lassen sich in Größe und Temperatur nicht von unserer Sonne unterscheiden. In einer Studie über neugeborene Sterne im Orion-Nebel ist zu lesen, dass das Hubble-

Prof. Frank Drake und der Autor.

Weltraumteleskop entdeckt hat, dass fast die Hälfte der entstehenden Sterne eine sie umkreisende Materiescheibe mit sich führt, die darauf hindeutet, dass es sich um entstehende Planeten handelt. Danach gäbe es Hunderte von Milliarden Planetensysteme in unserer Galaxie, und viele von ihnen sind für die Entstehung von Leben geeignet.

Heute wissen wir mit ziemlicher Sicherheit, wie unser Sonnensystem entstanden ist: Vor rund 4,7 Milliarden Jahren wurde in der Milchstraße eine Gaswolke mit dem »Ruß«, den schweren Elementen alter explodier-

Das Hubble-Weltraumteleskop.

ter Sterne (Supernovae), angereichert. Diese Gas- und Staubwolke stürzte durch die eigene Schwerkraft in sich zusammen und erhielt dabei gleichzeitig einen Rotationsimpuls. Durch den Verdichtungsprozess wurde sie immer heißer, bis ihre Temperatur im Inneren auf 20 Millionen Grad Celsius angestiegen war – Zündpunkt für die thermonukleare Fusion und Geburt unserer Sonne. Ein geringer Prozentsatz der Gas- und Staubmoleküle sammelte sich in einem Gürtel, der den jungen Stern als »Planetensaat« umkreiste. Durch Kondensation und Verklumpung entstanden vor etwas mehr als viereinhalb Milliarden Jahren schließlich die Planeten unseres Sonnensystems.

Aufgrund des starken Temperaturgefälles im planetarischen Nebeldiskus bildeten sich nach und nach die festen, gesteinsreichen Planeten Merkur, Venus, Erde und Mars. Danach entstanden die großen äußeren Gasplaneten Jupiter, Saturn, Uranus und Neptun. Der kosmische »Schneeball« Pluto dürfte ein eingefangener Komet sein.

Ein derartiger Entstehungsprozess von Planetensystemen ist allem Anschein nach ein alltäglicher Vorgang. So hat beispielsweise der Satellit IRAS protoplanetarische Urnebel um relativ nahegelegene Sterne nachgewiesen. Der britische Astronom David Hughes aus Sheffield hat ein Formelwerk erarbeitet, wonach allein in unserer Milchstraße jeder 24. Stern von Planeten begleitet wird. Hughes schließt daraus auf eine hohe Anzahl erdähnlicher Planeten. Auch der Direktor des Space Telescope Science Institute und Chef des Hubble-Projekts, Steven Beckwith, ist der Auffassung, dass es Planeten mit lebensfreundlichen Bedingungen im Überfluss gibt.

Am 5. Juli 1998 machte der australische Astronom Bruce Peterson durch eine Art interstellare Rasterfahndung mit Hilfe des tonnenschweren 1,9-Meter-Teleskops des Mount-Stromlo-Observatoriums bei Canberra in Australien eine Entdeckung: einen erdähnlichen Planeten, den Stern 305.36746.2411, im Zentrum der Milchstraße. »Offenbar haben wir zum ersten Mal einen erdähnlichen Planeten außerhalb unseres Sonnensystems ausfindig gemacht«, sagte der Astronom erfreut. »Nachdem die Oberflächentemperatur dieses Planeten der irdischen gleicht, ist es durchaus möglich, dass dort irgendwelches Leben entstanden ist.«

Sogar das in dieser Hinsicht eher skeptisch eingestellte Nachrichtenmagazin *Der Spiegel* (22/99) stellte unter der Schlagzeile »Oasen des Lebens im All« die Frage: »Hocken auch anderswo im Universum bierbäuchige Gestalten abends vor der Glotze? Fast jeden Monat werden Planeten entdeckt [...]«

Im April 1999 fanden US-Wissenschaftler heraus, dass die mit bloßem Auge sichtbare, nur 44 Lichtjahre entfernte Nachbarsonne Ypsilon Andromeda gleich drei Planeten mit sich führt. Damit wäre das erste Mal ein ganzes Planetensystem in Begleitung eines sonnenähnlichen Sterns gesichtet worden.

Nach verblüffter Kenntnisnahme von Geologen und Biologen in letzter Zeit ist die Entstehung von Leben also viel wahrscheinlicher, als frühere Vermutungen gestatten. Aktuellen Daten zufolge bildeten sich die ersten biologisch aktiven Moleküle bereits einige 100 Millionen Jahre nach der Geburt der Erde aus einer rotierenden Materiescheibe. Dazu stellte der belgische Zellbiologe und Nobelpreisträger Christian de Duve fest: »Sobald irgendwo ähnliche Bedingungen wie auf der Erde gegeben sind, bildet sich fast zwangsläufig Leben.«

Bereits 1960 gingen Drake und seine Kollegen davon aus, dass Zivilisationen unterschiedlicher Welten möglicherweise mittels Radiowellen miteinander kommunizieren könnten. So wurde der erste Lauschangriff mit Hilfe des Green-Bank-Radioteleskops in West Virginia ins Leben gerufen. Nachdem sich herausstellte, dass die damalige Technologie leider unzureichend war, wurde das auf der »magischen« Frequenz von 1420 Megahertz nach außerirdidischen Botschaften lauschende Projekt »Ozma« wieder eingestellt.

Am 500. Jahrestag der Entdeckung Amerikas durch Kolumbus am 12. Oktober 1992 wurde dann im Auftrag der NASA von der Astrophysikerin Jill Tarter ein neues Suchprojekt unter der Bezeichnung »High Resolution Microwave Survey« gestartet, bei dem auf allen in Betracht kommenden Frequenzen tausende von Sternen angepeilt werden sollten. Für dieses Vorhaben waren 58 Millionen US-Dollar vorgesehen. Aber wegen Etatproblemen und mangelnder politischer Unterstützung musste das Vorhaben eingestellt werden.

Jedoch wurde durch Privatinitiative im SETI-Institut in Mountain View das Ersatzprojekt »Phoenix« ins Leben gerufen. Es wird mit Hilfe von Spenden aus der Wirtschaft finanziert. Innerhalb von zehn Jahren soll ein Gebiet abgesucht werden, in dem sich 1.000 von unserer Sonne nicht zu weit entfernte Sterne befinden. Jill Tarter, Peter Backus, Seth Shostak und andere Wissenschaftler setzen bei ihrer Suche nicht nur das Arecibo-

Radioteleskop in Puerto Rico ein, sondern auch das in Australien stationierte Parkes-Radioteleskop.

Parallel dazu wurde im Sommer 1999 das »SETI@Home«-Projekt gestartet: Hunderttausende von Rechnern können so die Daten des SETI-Radioteleskops in Arecibo auswerten, indem ein spezieller Bildschirmschoner, der auf jedem Windows-, Macintosh- oder UNIX-System installiert werden kann, automatisch ein SETI-Datenpaket vom Server lädt und offline nach Hinweisen

Dan Wirth, der Leiter des SETI@Home-Projekts

auf »intelligente« Signale scannt. Das Programm kann dies übernehmen, wann immer der eigene Rechner eingeschaltet ist. Inzwischen haben sich schon rund 1,2 Millionen[12] freiwillige SETI-Forscher aus aller Welt gemeldet, die am heimischen Computer nach Radiobotschaften außerirdischer Intelligenzen suchen.

Der Zeitaufwand, Radiobotschaften über große Entfernungen zu senden, könnte allerdings ein Hindernis darstellen. Wäre beispielsweise eine intelligente Zivilisation 300 Lichtjahre von uns entfernt, würde sich ein Dialog über 600 Jahre hinziehen. Denn die

---

12 Stand: Mitte September 1999.

Zeitdauer würde durch die Lichtgeschwindigkeit diktiert.

Eine Lösung für diese Problematik könnte ein neuentdecktes Phänomen, das zur Zeit die Fachwelt aufhorchen lässt, sein: Überlichtgeschwindigkeit durch »Tunneln« heißt das Schlagwort.

Es ist im Grunde genommen ein durch die Quantenmechanik bekannter Effekt, der diesen Forschungen zugrunde liegt – wenn man ein fließendes Gewässer durch einen Engpass, etwa eine Röhre, leitet, erhöht sich durch diese Verengung die Fließgeschwindigkeit. Dieses Prinzip haben einige Forscher, darunter Günter Nimtz und Achim Enders vom Physikalischen Institut der Universität zu Köln, auf elektromagnetische Wellen angewandt. Überträgt man das Tunnel-Beispiel auf Mikrowellenstrahlung, so müsste das Ergebnis normalerweise so aussehen, dass der Empfänger kaum oder keine Strahlung mehr empfangen kann. Doch das Gegenteil ist der Fall: Die Mikrowellenstrahlung, die durch das enge Tunnelstück gesendet wurde, war zeitlich noch vor der Vergleichsstrahlung messbar. Da sich Mikrowellen mit Lichtgeschwindigkeit ausbreiten, bedeutet dies, dass die durch den Tunnel gesendete Strahlung die Strecke zwischen Sender und Empfänger schneller als Licht durchquert haben muss.

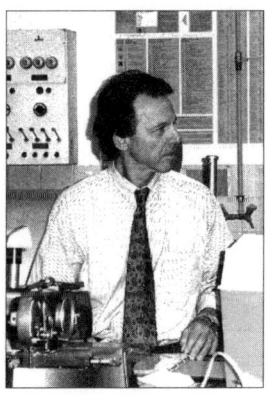

Prof. Günter Nimtz

Dik Bouwmeester von der Universität Innsbruck

Vielleicht eröffnen sich durch diese Forschungsarbeiten revolutionierende Kommunikationsmöglichkeiten, die eine Verbindungsaufnahme mit außerirdischen Zivilisationen realistischer erscheinen lassen könnten?

Ein weiteres faszinierendes Forschungsprojekt wird zur Zeit am Institut für Experimentalphysik an der Universität Innsbruck durchgeführt. Hier gelang es einem Forscherteam, bestehend aus Harald Weinfurter, Dik Bouwmeester und Anton Zeilinger, Elementarteilchen-Informationen ohne Zeitverlust von einem Ort zum anderen zu »beamen«. Mittels einer komplexen Laseranlage nutzt das Team für diese Experimente den so genannten EPR-Effekt (Einstein-Rosen-Podolsky-

---

13 EPR bedeutet, dass eine ständige Korrelation bestimmter Eigenschaften von Zwillingspartikeln besteht mit der Konsequenz, dass der Austausch von Informationen zwischen diesen augenblicklich, also mit Überlichtgeschwindigkeit erfolgt.

Effekt)[13]. Und vielleicht ist dies ja der Beginn, den Traum von der Teleportation eines Tages doch noch zu verwirklichen und somit neue Wege zum Informationsaustausch in Überlichtgeschwindigkeit zu eröffnen.

Doch womöglich sind derartige Bemühungen zur Kommunikation mit Extraterrestriern auch völlig vergebens. Vielleicht haben intelligente außerirdische Lebensformen die streitsüchtigen Erdenbewohner längst entdeckt und besucht und es seitdem aus vielerlei Gründen vorgezogen, fortan lediglich als rätselhafte Phänome in Erscheinung zu treten.

Literatur- und Quellenverzeichnis

»Airforce Waits on UFOs«, in: Advertiser, Melbourne, 2. 1. 1979.

»America's New Secret Aircraft«, in: Popular Mechanics, Dezember 1991.

Blum, Howard: Out There: The Government's Secret Quest for Extraterrestrials. New York, 1990.

Brown, Eunice H.: White Sands History. White Sands, New Mexico, Public Affairs Office, 1959.

Brown, Stuart: Searching for Groom Lakes' Secrets. Popular Science, März 1994, S. 52–54 und S. 84–85.

Brown, Stuart and Douglass, Steve: Swing with Stealth Attack Plane. Popular Science, Januar 1995, S. 54–65 und S. 86.

Burrows, William: Deep Black. New York, 1986.

Buttlar, Johannes v.: Das UFO-Phänomen. München, 1978.

Buttlar, Johannes v.: Die Einstein-Rosen-Brücke. München, 1982.

Buttlar, Johannes v.: Unsichtbare Kräfte. München, 1985.

Buttlar, Johannes v.: Sie kommen von fremden Sternen. München, 1986.

Buttlar, Johannes v.: Leben auf dem Mars. München, 1987.

Buttlar, Johannes v.: Supernova. München, 1988.

Buttlar, Johannes v.: Zeitriß. München, 1989.

Buttlar, Johannes v.: Drachenwege. München, 1990.

Buttlar, Johannes v.: Adams Planet. München, 1991.

Buttlar, Johannes v.: Gottes Würfel. München, 1992.

Buttlar, Johannes v.: Die Wächter von Eden. München, 1993.

Buttlar, Johannes v.: Die Außerirdischen von Roswell. Bergisch Gladbach, 1996.

Buttlar, Johannes v.: Zeitreisen. Bergisch Gladbach, 1998.

Buttlar, Johannes v.: Einstein Hoch Zwei. München, 1998.

Cameron, Grant u. Crain, T. Scott: UFOs, MJ-12 and the Government. Seguin/Texas, 1991.

Cameron, Grant u. Crain, T. Scott u. Rutkowski, Chris: »In the Land of Dreams«, in:

International UFO Reporter, Vol. 15, Nr. 5, Chicago, September/Oktober 1990.

Campbell, Glenn: The Area 51 Viewer's Guide. Self published, 1993.

Campbell, Glenn: A Short History of Rachel. Self published, 1996.

Campbell, Glenn: Groom Lake Desert Rat. Possible »Black« Aircraft Seen Flying in Formation With F-117s, KC-135s, in: Aviation Week and Space Technology, 9. März 1992, S. 66-67.

Chadwell, Marshall: Memorandum for Director of Central Intelligence vom 11. September. Kempton/ Illinois, 1998.

Childress, David H.: The Anti Gravity Handbook. Self published, 1995.

Clark, Chuck: The Area 51 and S-4 Handbook. Self published, 1995.

Coolidge, Matthew: The Nuclear Test Site: A Guide to America's Nuclear Proving Ground. The Center for Land Use Interpretation, 1996.

Corso, Phillip, Col.: The Day after Roswell. New York, 1997.

Crickmore, Paul: The Secret Missions Exposed. Osprey, London, 1993.

Curran, Douglas: In Advance of the Landing: Folk Concepts of Outer Space. Abbeville Press, 1985.

DeLanda, Manuel: War in the Age of Intelligent Machines. Zone/MIT Press, 1991.

Dornheim, Michael: United 747 Crew Reports Near-Collision With Mysterious Supersonic Aircraft. Aviation Week and Space Technology. 24. August 1992, S. 24.

Douglass, Steve: The Complete Guide to Military Monitoring. Universal Electronics, 1993.

Douglass, Steve: Flying Artichoke. Popular Science, Dezember 1994, S. 16.

Fawcett, Lawrence u. Greenwood, Barry J.: The UFO Cover-up. Prentice Hall, 1984.

Fawcett, Lawrence u. Greenwood, Barry J.: Clear Intent. Eaglewood Cliffs/New Jersey, 1984.

Fialka, John J.: »Clinton to Disclose Tab for Spying, Propose Overhaul«, in: Wall Street Journal, 24. April 1996.

Fulghum, David A.: Groom Lake Tests Target Stealth. Aviation Week and Space

Technology, 5. Februar 1996, S. 26.

Friedmann, Stanton: Final Report on Operation Majestic 12. Mt. Rainier/Md 1990.

Friedmann, Stanton: »The secret Life of Donald H. Menzel«, in: International UFO Reporter, Vol. 13, Nr. 1, Chicago, Januar/Februar 1988.

Friedmann, Stanton: The 13th Man. (P) Fredericton, 1989.

Friedmann, Stanton: »Update on Operation Majestic 12«, in: MUFON Conference Proceedings, Seguin/Texas, 1989.

Goodhall, James u. Sweetman, Bill: Lockhees F-117 A: Operation and Development of the Stealth Fighter. Motorbooks International, 1990.

Goodhall, James: America's Stealth Fighters And Bombers. Motorbooks International, 1992.

Goodhall, James: SR-71 Blackbird. Squadron/Signal Publications, 1995.

Graham, Richard H.: SR-71 Revealed: The Inside Story. Motorbooks International, 1996.

Haines, Gerald. A Die Hard Issue: CIA's Role in the Study of UFOs, 1947–90.

Studies in Intelligence. Central Intelligence Agency, Langley/Virginia, 1998.

Haines, Richard (Hrsg.): UFO Phenomena and the Behavioral Scientist. Scarecrow Press, New Jersey and London, 1979.

Hall, George Nellis: The Home of »Red Flag«. Osprey, 1988.

Hesemann, Michael: UFOs: Die Beweise. München, 1989.

Hesemann, Michael: Geheimsache UFO. Neuwied, 1994.

Hesemann, Michael: UFOs: Neue Beweise. Düsseldorf, 1994.

Hesemann, Michael: »Die Majestic 12 – Dokumente – echt oder gefälscht?«, in: Magazin 2000, Nr. 105, Neuss, Juli 1995.

Jones, J.: Stealth Technology – The Art of Black Magic. Aero Books, 1997.

Jones, Scott C. B.: Brief an Dr. Gibbons, Assistant to the President for Science and Technology. 17. Februar 1994.

Klass, Philip J.: UFOs Explained. New York, 1974.

Lammer H. u. Lammer M.: Verdeckte Operationen. München, 1997.

Lynes, William: Space Aliens from the Pentagon: Flying Saucers are Man-made Electrical Machines. Creatopia Productions, 1993.

Masters, David: German Jet Genesis. Jane's Publications, London, 1982.
»The Mystery at Groom Lake«, in: Newsweek, 1. November 1993.

Pennick, Nigel: Hitler's Secret Sciences. Neville Spearman, England, 1981.
Patton, Phil: Travels in Dreamland. London, 1987.
Peebles, Curtis: Dark Eagles: A History of Top Secret US Aircraft Programs. Presidio Press, 1995.
Pope, Nick: The Uninvited. London, 1997.

Rich, Ben u. Janos, Leo: Skunk Works. Boston, 1994.
Richelson, Jeffrey: The US Intelligence Community. Balinger, 1985.
Richelson, Jeffrey: American Espionage and the Soviet Target. William Morrow, 1987.
Rodeghier, Mark u. Chesney, Mark: »The Air Force Report on Roswell: An Absence of Evidence«, in: International UFO Reporter, Vol. 19, Nr. 5, Chicago/Illinois, September/Oktober. 1994.
Ruppelt, Edward: The Report on Unidentified Flying Objects, New York, 1956.
Rutkowski, Chris: Bob Lazar at the »Ultimate UFO Seminar«, Rachel/Nevada, 1993.

Sauder, R.: Underground Bases and Tunnels: What ist the Government trying to Hide? Adventures Unlimited Press, 1995.
»Scientists« and »Engineers« dreams taking to skies as »black aircraft«, Aviation Week and Space Technology, 24. Dezember 1990.
Schauberger, Victor u. Alexandersson, Olof: Living Water & The Secrets of Natural Energy. Gatway Books, England/GB, 1982.
Scott, William B.: »New Evidence Bosters Reports of Secret High-speed Aircraft«, in: Aviation Week and Space Technology, 11. Mai 1992, S. 62.
Scott, William B.: »Recent Sightings of XB-70-Like Aircraft Reinforce Reports from Edwards Area«, in: Aviation Week and Space Technology, 24. August 1992, S. 25.

»Secrecy and Government Bulletin«, Federation of American Scientists, 1993.

Simonsen, Erik: This is Stealth: The F-117 and B-2 in Color. Greenhill Books, 1992.

Skinner, Michael u. Hall, George: Red Flag Air Combat for the 1990's. 2nd Edition, Motorbooks International, 1986.

Sweetmann, Bill: Stealth Aircraft: Secrets of Future Airpower. Motorbooks International, 1986.

Sweetmann, Bill: Stealth Bomber, Invisible Warplane, Black Budget. Motorbooks International, 1989.

Sweetmann, Bill: Aurora: The Pentagon's Secret Hypersonic Spyplane. Motorbooks International, 1993.

UFOs, Nazi Secret Weapon? Mattern & Feidrich, Samisdat Publishers, Toronto, 1974.

UFOs, Unbekannte Flugobjekte. Matten/Deutschland, 1970.

US Department of Energy, Nevada: Operations Office, Las Vegas, Nevada: Draft Environmental Impact Statement for the Nevada Test Site and Off-site Locations in the State of Nevada. Januar 1996.

US Department of the Air Force: AFP 205-37. Preparing Security Classification Guides, 1991.

US Air Force, US Bureau of Land management: Draft Environmental Impact Statement, Groom mountain Range, Lincoln County/Nevada, Oktober, 1985.

Valone, Thomas: Electrogravities System. Washington, 1994.

Vesco, Renato u. childress, David Hatcher: Man Made UFOs 1944–1994: 50 years of Suppression. Adventures Unlimited Press, 1994.

War Department Document, Projekt Paperclip, Oktober 1945.

Webster, Donovan: Area 51. New York Times Magazine, 26. Juni 1994, S. 32.

Weiner, Tim: Blank cheque – The Pentagon Black Budget. New York, 1991.

Weir, Christopher: Paint it Black. Metro, 9–15. Januar 1997.

Williams, James A.: Scanning Area 51, Popular Communications, April 1995, S. 8.

Register

Bildquellen

Wir haben uns bemüht, alle Rechteinhaber der gezeigten Abbildungen zu ermitteln. Sollten wir hier dennoch einen Fehler gemacht oder jemanden nicht berücksichtigt haben, bitten wir um Ihr Verständnis.

Schwarzweiß-Abbildungen:

Farbbildstrecke: